KB074437

오늘부터
내 그릇을
키우기로 했다

오늘부터
내 그릇을
키우기로 했다

이진아(큰그릇) 지음

무엇이든 될 수 있는
큰 그릇 인생 로드맵

카멜북스

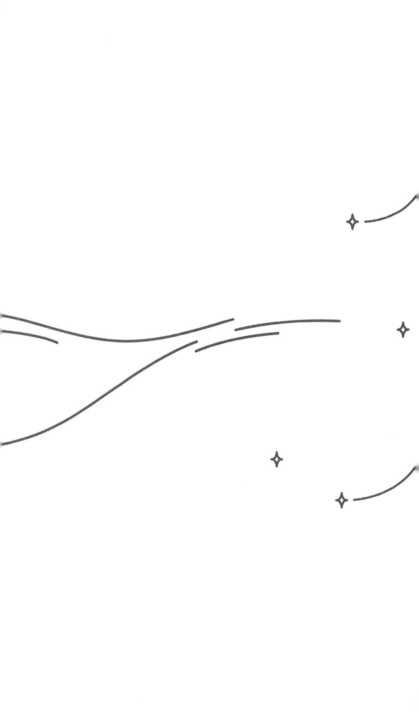

작은 그릇에는 큰 꿈을 담을 수 없다

17세 고졸 검정고시 출신

열일곱에 고졸 검정고시를 봤다. 고등학교 입학을 한 달 앞둔 어느 날, 엄마가 더는 버틸 수 없을 것 같다며 나를 부둥켜안고 울었다. 지인의 보증을 서 준 게 화근이었다. 엄마가 운영하던 가게는 이미 다른 사람에게 넘어갔고, 살던 집의 전세 보증금도 모조리 빼앗겼다. 정신적인 충격이 컸던 엄마의 건강은 악화되어 더 이상 일을 할 수 없는 상태였다.

무슨 생각이었는지 몰라도 엄마에게 내가 어떻게든 해결해 보겠다고 말했다. 그렇게 자퇴를 결심했다. 그 와중에 아직 고등학교 교복을 맞추지 않아서 다행이라는 생각을 했다. 당시 교복은 우리 집 한 달 월세와 맞먹을 정도로 꽤 비썼기 때문이다. 유난히도 추웠던 겨울날로 기억한다. 입학 포기서를 제출하기 위해 진학 예정이던 고등학교에 방문했다. 선생님은 매서운 눈초리로 나를 질타했다. 내가 처음부터 진학 지원을 하지 않았다면 학생을 한 명이라도 더 받을 수 있었을 거라고 했다. 나는 아무 말도 할 수 없었다. 창밖으로 보이는 텅 빈 운동장만 바라볼 뿐이었다.

아르바이트를 시작했다. 중졸이던 내게 기회가 많진 않았다. 저녁 아르바이트라면 좀 더 수월하게 구할 수 있었겠지만, 내가 살던 도시는 매우 작았기 때문에 중학교 친구들과 마주칠 확률이 높았다. 가급적이면 친구들이 학교에서 수업을 듣고 있을 때 일을 하고 싶었다. 몇 번의 면접 끝에 파스타를 파는 한 레스토랑에서 서빙 일을 할 수 있었다. 일을 마친 저녁이면 친구들을 피해 인근 대학 도서관에 가서 검정고시 공부를 했다.

또래 아이들이 교복을 입고 학교에 갈 때 나는 아르바이트를 하러 갔다. 친구들은 한두 명씩 연락이 끊겼다. 외로운 나날의 연속이었다. 일이 끝나고 도서관 가는 길에 교복 입은 아이들을 보면 어깨가 움츠러들었다. 학교에 다니지 않는다는 걸 들키고 싶지 않았다. 하교 시간 이후에는 시내 근처에 가지 않으려고 일부러 먼 길을 돌아가기도 했다.

빚을 갚을 궁리를 했다. 모든 것을 청산하고도 3천만

원 정도의 빚이 남아 있었다. 지금 생각하면 그리 크지 않은 돈이지만 당시 25만 원짜리 월세방에 살던 우리에게는 하늘이 무너져 내릴 만한 액수였다. 부모님은 내가 어릴 때 이혼하셨는데, 아빠 또한 사업이 잘못되어 빚을 겨우 갚고 계셨다. 그런 와중에도 아빠는 매달 양육비를 보내 주셨고 그 돈은 고스란히 월세와 생활비로 쓰였다. 결국 내가 벌어서 갚아야 한다고 생각했다. 하지만 당시 최저 시급은 겨우 3,100원이었다. 한 달에 40만 원을 벌어서는 빚을 갚기에 턱없이 부족했다.

당장 빚을 갚을 능력이 되지 않으니, 우선 신용 불량자가 되면 어떻게 되는 건지 알아봤다. 다행히 채권자들이 집으로 찾아와서 독촉하거나 집 안 물건을 때려 부수진 않는다고 했다. 다만 우편으로 독촉장이 여러 차례 올 것이며, 은행 거래가 중지될 것이라고 했다. 사대 보험에 가입하고 일을 하면 최저 생계비를 제외하고는 압류가 된다고도 했다. 그러던 중 우연히 알게 된 신용 불량자 모임 카페에 가입했다. 우리 집처럼 빚이 생겨 사회 생활이 어려워진 사람들의 글을 읽었다. 개인 회생 제도와 파산 제도에 대해서도 알게 되었다. 한 줄기 빛이 생긴 것 같았다.

어느 날 신용 불량자 카페에서 번개 모임을 한다는 공지가 올라왔다. 장소는 수원역. 그리 멀지 않은 곳이었다.

모임에 나가 쭈뼛거리며 서 있는데 인상 좋은 어른들이 내게 먼저 인사를 했다. 그들은 길거리 어디에서나 볼 수 있는 사람들이었다. 겉보기에는 평범해 보였지만 우리 가족처럼 결코 평범하지 않은 삶을 살고 있었다.

겨우 중학교를 졸업한 아이가 부모님의 빚을 갚기 위해 나왔다고 하니 다들 나를 측은히 여기며 친절을 베풀어 주었다. 당시 우리 가족은 법무사를 선임할 돈도 없었기에 그들의 도움을 받아 직접 서류를 준비했고, 나 홀로 법원을 들락거렸다. 그리고 다음 해 엄마는 파산 선고를 받았다. 파산이라는 단어가 너무 잔인했지만 한편으로는 다행스러웠다. 덕분에 빚이 탕감되었기 때문이다.

이후 전문대를 졸업하고 집으로 돌아온 언니와 함께 서울로 상경했다. 둘 다 취직을 해야 했기 때문이다. 우리가 가진 돈으로는 보증금 100만 원에 월세 38만 원짜리의 반지하 원룸이 최선이었다. 3평 남짓한 공간이라 세 명이 살기에는 너무 비좁았다. 결국 엄마는 갈 곳이 없어 고향에 있는 절에 들어갔다. 그곳에서 일을 도우며 숙식을 해결했다. 아빠의 1톤 트럭에 겨우 몇 상자의 짐을 싣고 이사를 한 첫날, 언니와 함께 방에 누우니 집이 가득 찼다. 온 집 안이 습해서 벽지가 곰팡이로 뒤덮였고 나는 어우러기라는 곰팡이성 피부병을 앓았다.

신용 불량자 모임에서 알게 된 분의 소개를 받아 보험 회사에 사무 보조로 들어갔다. 영업 사원들이 계약을 따오면 증권과 함께 회사소개서를 첨부해 고객용 파일을 만들거나 은행 심부름을 하고, 커피를 타고, 회의실을 정리하는 등의 일을 했다. 바쁘지 않은 날들이 지속되었고 월급 80만원을 받으며 꿈도 희망도 없이 살아갔다.

회사는 을지로, 집은 신림동에 있었는데 퇴근을 하고 집까지 걸어가곤 했다. 3시간가량 걸리는 거리였지만 퇴근 후에는 할 일도, 만날 사람도 없었기 때문에 곧잘 걸었다. 집에 도착하면 저녁을 거르고 편의점에서 사 온 맥주 한 병을 마셨다. 술을 마시지 않으면 잠들 수 없었다. 매일 '언제까지 이렇게 살아야 할까' 생각하며 잠들었다. 내 인생은 이미 끝난 것 같았다.

34세 대기업 컨설턴트

17년이 지난 지금, 나는 이름만 들으면 누구나 아는 대기업에서 컨설턴트로 일하고 있다. 2016년에 입사했으니 벌써 7년 차 직장인이다. 회사에서는 꽤 인정받고 있으며, 작년에는 우수 사원 상을 받고 진급을 했다. 지금은 컨설턴트로서 업무 역량을 더욱 키우기 위해 동북아물류대학원 입학을 앞두고 있다. 얼마 전에는 '큰그릇 연구소'라는 개인 단체를 만들어 지난 17년 동안 그릇을 키우며 깨달은 노하우를 주변 사람들과 나누고 있다. 설정한 목표를 이루기 위해 100일 동안의 실행을 체크하는 챌린지인 '100일만 해 보자' 프로젝트, 자기계발과 관련된 정보를 나누는 뉴스레터 '계발메이트', 하루 일과를 기록하고 공유하는 챌린지 'Focus on me' 등 여러 활동을 통해 '더 나은 내일의 내가 되기 위한 오늘의 노력'을 지속할 수 있는 방법을 제안하고 있다. 지금의 나는 누구보다 나의 일을 사랑하고 삶에 만족하는 나날을 보내고 있다.

신림동 반지하 원룸에서 시작한 서울 생활은 구로와 대림, 망원동과 후암동에서 월세와 전세를 거치며 막을 내렸다. 지금은 아파트를 구매해 수도권에 정착했다. 조금 더 어릴 때는 워킹 홀리데이로 호주에서 1년 동안 공부와 일을 병행했으며, 학점 은행제를 통해 경영학사를 수료하고 서울에 있는 국립대에 편입한 후 졸업했다. 17년 전과는 전혀 다른 인생을 살고 있다고 자부한다.

여기까지 오는 길이 순탄하지는 않았다. 무엇을 해야 할지 몰라서 몇 년을 허송세월하기도 했다. 잠드는 게 무서워 매일 술에 의지했다. 어떻게 살아가야 할지 스스로에게 끊임없이 질문했지만 답을 찾지 못한 채 시간만 보냈다. '왜 나는 평범하게 살 수 없을까 '내가 큰 것을 바라는 걸까' 고민했다. 그저 남들처럼 제 나이에 학교에 다니고 싶었다. 시험 기간엔 도서관에 가서 공부하고 싶었고, 방학이 되면 토익 학원에 가서 영어 공부를 하고 싶었다. 취업 준비생이 되어 자기 소개서를 쓰며 밤을 지새워 보고 싶었으며, 정장을 입고 면접에 가서 잘할 수 있다고 꼭 뽑아 달라고 자신 있게 말하고 싶었다. 그 평범한 일상들을 나는 마음껏 누릴 수 없었다.

그렇다고 해서 마냥 산송장처럼 살아갈 순 없는 노릇이었다. 나는 무엇이라도 해야 했다. 세상에 대한 불만을 품고 살던 대로만 산다면 아무것도 변하지 않는다. 결국 내가 변하지 않으면 내 인생 또한 변하지 않으리라는 것을 잘 알고 있었다. 그 말은 즉, 내가 변하면 내 삶도 변할 수 있다는 뜻이었다.

낮에는 일하고 저녁에는 공부를 했다. 나름 열심히 했지만 결과는 좋지 않았다. 적은 월급으로 저축은 고사하고 한 달 벌어먹고 살기 바빴다. 책상 앞에 앉아 있는 시간이 길어도 머릿속에 남는 게 없었다. 공부에 대한 요령이 없었기 때문이다. 시험은 보는 족족 떨어져 그 흔한 컴퓨터 활용 능력 자격증 하나 없었다. 돈은 모을 수 없었고, 공부도 제대로 하지 못했다.

'나는 왜 안 될까' 고민을 하다 내 그릇이 이것들을 담을 만큼 크지 않다는 것을 깨달았다. 당시 나는 수입을 더 늘리기 위해 노력한 적이 없으며, 그저 근무 시간을 채우는 것에 급급했다. 인터넷 강의를 다 듣는 것에만 치중해서 복습이나 문제 풀이 같은 건 생각지 못했다. 그러면서 큰 결과를 바랐다. 제대로 된 노력 없이 보상을 원하다니 이 무슨 도둑놈 심보인가. 나는 내 그릇의 크기만큼만 노력하고 있을 뿐이었다. 간장 종지만큼 작은 그릇에 국 한 그릇을 담고자 했으니 모두 담지 못하고 흘려보낼 수밖에 없었다.

결국 내가 원하는 것을 얻기 위해서는 지금보다 더 많은 노력을 해야 한다고 생각했다. 이대로 살다가는 평생 똑같은 인생을 살 것 같았다. 100만 원이 안 되는 월급을 받으며 매일 밤 술을 마시며 잠드는 삶, 꿈도 미래도 없이 시간이 흐르기만을 바라는 삶을 살고 싶지 않았다. 그것은 내가 원하는 삶이 아니었다. 나도 남들처럼 공부를 하고 번듯한 직장에 다니고 싶었다. 돈을 많이 벌어 내 가족과 나를 지키고 싶었다. 그러려면 이대로 있을 수 없었다. 내 그릇부터 키워야겠다고 결심했다. 그렇게 나는 큰 그릇이 되기로 했다.

Contents

Prologue   작은 그릇에는 큰 꿈을 담을 수 없다 6

Chapter 1. 나의 그릇 키우기 대장정

Step 1. **돈이 없다는 이유로 시작을 포기하지 말자**

호주 워킹 홀리데이 _____ 18

Step 2. **지금보다 더 나아지기 위해**

첫 입사와 첫 이직 _____ 29

Step 3. **커리어에 가치를 더하자**

업무 능력 키우기 _____ 38

Step 4. **무엇이든 되게 만드는 힘**

나의 첫 사업 도전기 _____ 45

Step 5. **문득 찾아오는 결심의 순간**

서른 살 19학번 _____ 52

Step 6. **사소한 점들이 선으로 연결될 때**

업무 확장하기 _____ 59

Step 7. **매일 조금씩 나아지고자 하는 마음으로**

또 다른 시작 _____ 64

Special Tip. **넓은 세계를 품는 큰 그릇의 영어 공부** 69

Chapter 2. 이제는 당신의 그릇을 키울 차례

Step 1. **나를 알면 보이는 삶의 방향** ＿＿＿ 80

Step 2. **목표와 계획으로 방향에 돛대 달기** ＿＿＿ 93

Step 3. **일단 시작하는 것의 중요성** ＿＿＿ 106

Step 4. **작은 성공으로 실패의 두려움 극복하기** ＿＿＿ 113

Step 5. **계획을 습관으로 만드는 5S 법칙** ＿＿＿ 120

Step 6. **깨지지 않는 그릇이 되기 위해** ＿＿＿ 132

Special Tip. **10년 후를 설계하는 큰 그릇의 인생 로드맵** 142

Chapter 3. 우리 곁의 큰 그릇

Interview 1. **어느 대표님과의 저녁 식사** ＿＿＿ 152

Interview 2. **일이 가장 재미있는 비버의 꿈** ＿＿＿ 161

Interview 3. **경제적 자유를 실현하는 길** ＿＿＿ 177

Interview 4. **수많은 동그라미 사이에서 세모로 사는 법** ＿＿＿ 198

Epilogue **가장 중요한 건 오늘을 잘 살아 내는 것** 216

Chapter 1

나의 그릇 키우기 대장정

돈이 없다는 이유로 시작을 포기하지 말자
호주 워킹 홀리데이

첫 꿈을 품다

검정고시를 준비할 때 인근 대학의 도서관에서 공부했다. 지역 주민들에게도 열람실을 개방해 주었기에 가능한 일이었다. 학원에 다닐 돈이 없던 나는 PMP에 EBS 강의를 넣어 다니며 홀로 공부를 했다. 그러다 가끔 지루해지면 자료실에 가서 책을 빌려 읽기도 했다. 그리고 어느 날 우연히 집어 든 책 한 권으로 난생처음 인생의 꿈이 생겼다.

그 책은 호주 워킹 홀리데이에 관련된 책이었는데, 저자는 호주에서 공부를 하고 일도 하며 여행을 다녔다. 농장에서 자신의 얼굴만 한 오렌지를 따며 번 돈으로 스카이다이빙과 스노클링을 즐기고, 사막을 횡단해 지구의 배꼽이라 불리는 울룰루에서 사진을 찍기도 했다. 피부가 까맣게 탔지만 미소가 환했던 저자의 사진을 보고 가슴이 뜨거워졌다.

그때부터 언젠가 호주에 갈 것이라는 꿈을 가슴 한편에 새겨 두었다.

검정고시에 합격하고 본격적으로 일자리를 구하기 위해 서울로 상경했다. 보험 회사에서 일을 하며 먹고살아야 한다는 핑계로 호주에 대한 꿈을 조금씩 잊고 살았다. 꿈이라는 게 그렇다. 꿈을 꿀 당시에는 모든 것이 분명하고 가능해 보이지만 시간이 지남에 따라 실현이 불가능하게 느껴지곤 한다. 먹고사는 현실적인 문제에 부딪히면서 그 꿈이 조금씩 흐릿하게 느껴졌다. 무엇보다 가장 큰 벽으로 와닿은 건 바로 돈이었다.

나는 돈이 없었다. 당장 비행기 표만 산다고 호주에 갈 수 있는 게 아니었다. 비자 발급 비용이나, 체력 검사 비용 같은 부수적인 준비 비용이 생각보다 많이 들었다. 호주에 도착하자마자 일을 시작할 수 있는 상황도 아니었기에 일자리를 구할 때까지 사용할 정착 비용도 필요했다. 내 계산으로는 적어도 천만 원은 있어야 한국에서의 준비 비용과 항공비, 호주에서의 초기 정착 비용을 충당할 수 있었다. 당시 보험 회사에서 받았던 월급은 100만 원도 채 되지 않아서 적금은커녕 생활비로 쓰기에도 모자랐다. 이대로 꿈을 포기해야 하는 걸까? 하지만 이대로 포기하고 싶진 않았다. 난생처음 생긴 꿈이었다. 그럼 이제 어떻게 해야 하지?

고민하던 중 중학생 때 읽은 파울로 코엘료의 《연금술사》가 떠올랐다. 《연금술사》에 나오는 양치기 산티아고는 어느 날 꿈을 꾸고 보물을 찾기 위해 피라미드로 향한다. 그는 여비를 마련하기 위해 가지고 있던 양들을 모두 팔아 버린다. 내게는 팔 수 있는 양이 없었지만 시간과 체력이 있었다. 목표를 정하고 나서 시간을 너무 오래 끌면 실현할 수 없는 이유들만 떠오를 뿐이다. 이번만큼은 꼭 해내고 싶었다. 결국 문제가 돈이라면 돈을 더 벌면 된다. 나는 바로 저녁 아르바이트를 구했다. 육회집 서빙이었다.

회사에서는 오전 8시부터 오후 4시까지 일했고, 육회집에서는 오후 5시부터 밤 11시까지 일했다. 아침에는 회사로, 저녁에는 육회집으로 향하는 날들이 이어졌다. 체력적으로 힘들었지만 버틸 수 있었다. 내게 처음으로 이루고 싶은 꿈이 생겼기 때문이었다. 돈이 없다는 이유로 또다시 포기할 순 없었다. 고등학교를 포기했을 때처럼 말이다.

그렇게 일 년을 버텼다. 너무 피곤해서 회사를 오가는 출퇴근 시간과 점심을 먹고 남는 쉬는 시간에 틈만 나면 쪽잠을 잤다. 주말에도 가능하면 아르바이트를 나갔다. 그리고 천만 원을 모아 호주행 비행기 티켓을 샀다. 내 나이 스물하나였다.

또다시 시작된 여정

첫 정착지는 멜버른으로 정했다. 일도, 여행도 좋았지만 가장 먼저 하고 싶은 건 공부였다. 워킹 홀리데이 비자로는 3개월 동안 학원에 등록할 수 있었기 때문에 그 기간 동안 공부를 하고 후에 일자리를 구할 예정이었다. 어학원을 등록하고 그 근처에 집을 얻었다. 세 달이 지나 어학원 수업이 끝나 갈 때쯤 가져온 돈 대부분을 학원비와 월세로 탕진하고 300만 원 정도가 남아 있었다. 호주의 물가는 마트나 시장에서 판매하는 채소와 고기를 제외하고는 매우 비싸서 외식을 하면 한 끼에 2만 원이 훌쩍 나갔다. 지금도 밥 한 끼에 2만 원이면 매우 비싸다고 느끼는데, 10년도 전이면 어땠겠는가?

당시 한인 마트에서는 신라면 20개들이 한 박스를 10달러(약 13,000원)에 판매하고 있었다. 나는 신라면 한 박스를 사서 하루에 한 봉지씩 먹으며 버텼다. 그리고 멜버른을 벗어나지 않고 할 수 있는 일을 구하고 싶어서 이력서를 만들어 이 가게 저 가게에 뿌렸지만 돌아오는 연락은 없었다. 더 이상 멜버른만 고집할 순 없었다. 어디든 가야 했다. 그렇지 않으면 다시 한국으로 가야 했다. 어떻게 온 호주인데 이대로 돌아갈 순 없었다. 인터넷으로 공고를 찾아 닥치는 대로 모조리 이력서를 보냈다. 어쩌다 한 번씩 이력서가 접수되었다는 자동 메일을 받고 합격한 것으로 착각하기도 했다. 그렇게 김칫국을 마시는 나날이 얼마간 이어졌다.

그러던 어느 날 모르는 번호로 전화가 와서 받으니 필리핀 억양의 한 여자가 "Are you Jina Lee?(네가 Jina Lee니?)" 하고 물었다. 순간 느낌이 왔다. 일하러 오라는 거구나! 나는 재빨리 대답했다. "Yes, I am! This is Jina Lee!(맞아요, 제가 Jina Lee예요!)" 그는 내가 보낸 이력서를 보고 연락했다고 말하며 당장 일을 시작할 수 있는지 물었다. 일을 그만두는 직원이 있어 당장 와야 한다고 했다. 지금이라도 갈 수 있다고 답했다. 그는 잠시 웃으며 갑자기 나에게 "Can you speak English?(영어 할 줄 아니?)" 하고 물었다. 나는 당당하게 대답했다. "I am communicating with you in English at the moment!(저 지금 당신과 영어로 대화하고 있어요!)" 그렇게 호주에서의 첫 번째 일자리를 구했다.

내가 일할 곳은 쿠버 페디라는 사막 도시였다. 이곳은 우리가 알고 있는 모래가 가득한 사막이 아니었다. 모래 대신 메마른 땅이 끝없이 펼쳐져 하늘과 땅의 경계를 구분할 수 없는 곳이었다. 이곳에 가기 위해서는 멜버른에서 애들레이드까지 비행기를 타고 간 뒤에, 애들레이드에서 또다시 소형 비행기를 타야 했다. 버스로도 이동할 수 있었는데, 호주는 매우 커서 멜버른에서 버스를 타고 출발하면 아마도

3박 4일이 걸릴 것이었다.

　　이틀 후 떠나는 비행기 티켓이 메일로 도착했다. 나는 사막에서 사용할 생필품을 구입하고 멜버른 집을 정리했다. 3개월 사이에 꽤 많은 양의 짐이 늘었다. 사막에 가면 어떤 게 필요할지 모르니 단 하나의 물건도 버릴 수 없었다. 내게는 28kg 캐리어 하나, 9kg 캐리어 하나, 10kg 배낭 하나가 생겼다. 초등학생 한 명만 한 짐을 이고서 애들레이드 공항으로 향했다.

　　애들레이드까지 가는 덴 문제없었다. 여느 때와 다름없는 비행이었다. 문제는 애들레이드에서 쿠버 페디로 가는 길이었다. 당시 나는 무거운 짐을 이고 급하게 멜버른을 떠나오느라 매우 피곤한 상태였다. 비행기에 타자마자 잠이 들었는데 비상 상황이라는 안내 방송에 눈이 떠졌다. 난기류였다. 비행기는 바람 따라 끊임없이 움직였다. 당장 추락해도 이상하지 않을 것 같았다. 반복적인 비상 상황 안내 방송이 공포로 다가왔다. 사람들도 웅성거렸다. 승무원들도 당황스러워 보였다. 이대로 죽는 건가 싶었다. 의자를 꼭 붙잡고 눈을 감았다. 그리고 그대로 의식을 잃었다.

　　두 시간이 지나고 지상에서 눈을 떴다. 바람 한 점 없는 화창한 날씨였다. '도착한 건가?' 아직 상황 파악이 되지 않았다. 나는 승무원을 붙잡고 쿠버 페디에 도착했느냐고 물었다. 그는 한숨을 쉬며 아니라고 대답했다. 날씨가 너무 안 좋아 착륙을 할 수 없었고, 결국 다시 애들레이드로 돌아왔다고 했다. 내일 다시 비행을 떠날 것이라는 말과 함께.

47kg의 짐과 함께 공항에 홀로 남겨진 나는 항공사로부터 적절한 보상을 받길 원했다. 지금쯤이면 쿠버 페디의 호텔에 도착해 있어야 하는데 난 아직 애들레이드가 아닌가? 게다가 여기엔 아무런 연고도 없었다. 적어도 하룻밤 묵을 수 있는 숙소라도 제공받고 싶었다. 하지만 천재지변으로 인한 사고였기에 항공사에서는 내게 해 줄 수 있는 게 아무 것도 없다고 했다.

스마트폰도 없을 때라 공항 한 구석에 쭈그려 앉아 노트북을 켜고 근처의 게스트하우스를 찾았다. 하지만 공항 근처에는 마땅히 예약할 수 있는 곳이 없었다. 결국 시티까지 나가야 했다. 하룻밤 사이에 양을 판 돈을 모두 잃은 양치기 산티아고가 된 것 같았다(물론 내 짐을 잃지는 않았지만). 어디로 가야 할지, 어떻게 해야 할지 알 수 없었다. 호주에 와서 처음으로 겁을 먹은 순간이었다.

어렵사리 잡은 숙소에 도착해 씻고 침대에 누웠다. 친구에게 전화해 오늘 있었던 일들에 대해 털어놓았다. 비행기가 추락해서 죽을 뻔했고, 지금쯤 쿠버 페디에 있어야 하는데 계획대로 되지 않아서 매우 힘들고, 아직 저녁 한 끼 제대로 못 먹었는데 거리 밖은 캄캄해서 돌아다니기 무섭다고. 호텔에 연락도 제대로 못 해서 이들이 고용 취소라도 하는 건 아닐지 고민이 된다고 말했다. 그러자 친구는 매우 해맑게 "왜? 너무 재밌을 것 같은데. 이럴 때 아니면 네가 언제 애들레이드에 가 보겠어. 이왕 이렇게 된 거 즐겨 버려!"

절레절레. 말이 쉽다. 전화를 끊고 이불을 머리 끝까지 덮었다. 그런가? 사실은 정말로 별일 아닌데 내가 너무 예민하게 받아들이고 있는 걸까? 피라미드에 갈 여비를 모두 잃은 양치기 산티아고는 그다음에 무슨 일을 했더라. 그래, 크리스털 상점에 가서 일자리를 구했다. 다시 여비를 구하기 위해 일어섰어. 나도 그럴 수 있을 거야. 날이 밝으면 다시 시작해야지. 그런 생각을 하며 잠들었다. 매우 피곤했는지 그날 밤은 한 번도 깨지 않고 아침까지 잘 수 있었다.

사막 한가운데의 노동자

쿠버 페디는 울룰루를 보러 온 관광객들이 하룻밤 묵는 곳이었다. 동네가 아주 작고 인구도 얼마 되지 않아 그곳에 있는 것이라곤 슈퍼마켓과 리큐어 숍, 은행과 일반 음식점이 전부였다. 내가 일했던 곳은 쿠버 페디에 있는 데저트 케이브라는 호텔이었다. 나는 호텔 카페와 레스토랑에서 일했다. 카페는 오전 6시에 문을 열었고, 레스토랑은 밤 11시에 문을 닫았다. 일을 끝내고 집에 가서 씻으면 몇 시간 겨우 자고 다시 일을 나와야 했다.

　　카페에서는 조식을 먹으러 오는 손님들을 응대했다. 그곳에서 처음으로 커피 만드는 법을 배웠다. 가끔 단체 손님이 오는 날이면 뷔페를 준비해야 했다. 외국의 브런치 메뉴로 흔히 볼 수 있는 스크램블 에그와 소시지, 구운 야채들을 주방에서 준비해 주면 손님들이 먹을 수 있도록 진열했다. 그리 어렵지 않은 일들이고, 손님을 응대하면서 지속적으로 영어를 사용할 수 있었기에 만족도가 높았다.

　　오전이 지나고 카페 일이 끝나면 숙소로 돌아갔다. 사막은 한낮에 40도까지 올라가곤 했는데 집이 동굴 안에 지어져 있어서 여름에도 숙소 안은 시원했다. 낮잠을 자고 일어나면 저녁엔 레스토랑으로 출근했다. 레스토랑에서는 주로 주문을 받고 서빙하는 일을 했다. 뉴질랜드에서 온 바 매니저와 독일인인 호텔 총괄 지배인은 매일 저녁 그곳에서 술을 마셨고, 나도 가끔 그들 사이에 끼어서 대화를 나누곤 했다.

　　어릴 때부터 워낙 다양한 아르바이트를 경험해 봤기에 일이 힘들지 않았다. 게다가 내 시급은 18.5불로 당시 평균 환율인 1,300원을 적용하면 시간 당 24,000원을 버는 꼴이었다. 돈이 모이는 게 눈에 보이고 일도 재미있었지만 그리 오래가진 못했다. 사막에선 정말로 할 게 없었다. 당시에는 운전도 못 했으니 어디 갈 곳도 없었고, 근처 도시로 가려면 10시간가량 버스를 타고 나가야 했다.

그곳에서 지내면서 경험한 유일한 낙은 일주일에 한 번 도착하는 마트 배송 차량을 맞이하는 일이었다. 유일하게 식물을 살 수 있는 시간이었다. 텅 빈 사막에 홀로 있다는 생각에 외로움이 몰려왔다. 어느 정도 돈이 모이고 외로움이 극에 달했을 때, 나는 사막을 떠나기로 결심했다.

멜버른으로 돌아오니 12월, 여름이었다. 호주는 남반구에 위치하고 있어서 북반구에 위치한 우리나라와 계절이 반대다. 크리스마스를 잔디밭에 누워 책을 읽으며 보냈고, 어학원을 같이 다녔던 친구들과 멜버른 근교에 바람을 쐬러 다녀오기도 했다. 그리고 시드니로 여행을 가서 오페라 하우스를 보며 '이걸 살아생전 내 눈으로 보다니!' 하며 감탄하기도 했다.

결국 목표한 바를 모두 이루었다. 호주에 가서 영어 공부를 했고, 돈을 벌었으며, 여행을 다녔다. 잠시 일을 쉬면서 17살 이후 처음으로 '일을 하지 않는 것'에 행복을 느꼈다. 아침이면 산책을 하고 오후면 책을 읽었다. 여유로운 날들이 이어졌다. 처음으로 해외에 나와서 다양한 문화를 경험하며 시야가 넓어지는 것을 느꼈고, 다시 한번 열심히 살아가겠다는 용기를 얻었다. 내 생애 가장 행복한 순간이라고 생각할 만큼 호주 생활을 즐겼다.

만약 내가 호주 워킹 홀리데이를 목표로 육회집에서 서빙을 하지 않았더라면, 돈을 더 모아야겠다고 마음을 먹지 않았더라면 이 순간을 경험할 수 있었을까? 결국 모든 일은 하겠다는 마음으로부터 시작된다. 무언가를 하고 싶다면 하겠다는 마음을 가져야 한다. 나는 가겠다고 마음먹은 순간부터 돈을 모았다. 그리고 덕분에 내 생에 가장 행복한 1년을 보낼 수 있었다.

결심했다면 우선 시도해 보자. 잘할 수 있을지 없을지는 해 봐야 안다. 지난번에 잘 안 됐더라도 이번엔 다를 수 있다. 이번에도 잘 안 되면 또다시 하면 된다. 시행착오를 통해 나는 단련될 것이고 지난번보단 더욱 잘 해낼 테니까.

어느 정도 여행을 다녔을 무렵 다시 한국으로 돌아갈 결심을 했다. 아직 내게는 할 일이 많이 남아 있었다. 공부도 더 해야 했고, 취업도 하고 싶었다. 앞으로는 이전보다 더욱 잘 해낼 수 있으리라는 믿음이 생겼다.

지금보다 더 나아지기 위해

첫 입사와 첫 이직

첫 회사에 들어가다

호주에서 돌아오고 나서 가장 하고 싶었던 건 대학 진학이었다. 하지만 또다시 돈이라는 현실의 벽에 가로막혔다. 학비야 당장 학자금 대출로 해결한다고 해도 장시간 아르바이트를 하지 않는 이상 생활을 유지하기 힘들었다. 가족들에게 손을 벌릴 수도 없었다. 엄마는 24시간 해장국 집에서 밤새도록 일을 하며 한 달에 150만 원을 겨우 벌었다. 언니도 갓 취업한 사회 초년생으로 160만 원가량을 벌었다. 그들에게 짐이 될 수 없었다.

호주에서 카페 일을 했던 경험을 살려 프랜차이즈 도넛 매장에 사원으로 들어갔다. 사장은 다른 일을 하고 있었기 때문에 매장 관리는 모두 내 몫이었다. 발주와 재고 관리, 아르바이트생 채용과 월급 계산까지 내 손이 닿지 않는 곳이 없었다.

일은 재미있고 만족스러웠지만 당시 대학에 다니던 아르바이트생들은 방학이 끝나면 일을 그만두고 학교로 돌아갔다. 나는 언제나 매장에 홀로 남겨졌다. 하다못해 소속 감이라도 가지고 싶었다. 그때 처음으로 회사에 들어가고 싶 다는 생각을 했다. 취업을 하려면 어떻게 해야 할지 고민하 다가 선택한 건 영어 공부였다. 워킹 홀리데이를 다녀오기 위 해 공부한 덕에 영어는 자신 있었다. 하지만 실력을 증명하 기 위해선 객관적인 점수가 필요했다. 그래서 가장 보편적인 토익을 준비하기로 결심했다.

그런데 공부할 시간이 없었다. 매일 아침 7시에 매장 문을 열어야 했고, 장시간 서서 일하고 집으로 돌아오면 녹 초가 되었다. 그렇다고 손 놓고 있을 순 없었다. 잠깐의 시 간이라도 활용해 보기로 결심했다. 매장 문을 열면 9시까지 는 손님이 드문드문 왔기 때문에, 매장 청소와 발주가 끝나 면 9시까지 시간적으로 여유가 있었다. 포스 앞에 서서 틈틈 이 영어 단어를 외웠다. 쉬는 시간이나 점심시간이 주어지면 RC 문제를 풀었다. 일이 끝나고 집으로 돌아와 오답 노트를 만들고, 주말을 활용해 LC 공부를 했다.

그렇게 두 달간 영어 공부를 하고 본 토익 시험에서 870점을 받았다. 첫 시험치고 나쁘지 않았다. 바로 이력서를 작성했다. 지금 보면 엉성하다 못해 엉망인 자기 소개서를 비장하게 적었다. 그리고 영어와 관련된 업무에 모조리 이력서를 넣었다.

　　남들과 조금 다른 내 이력을 보고 궁금했던 건지 면접을 보러 오라는 곳이 몇 군데 있었다. 면접 때 영어 작문이나 회화 시험을 보기도 했는데 그동안 영어 공부를 헛되게하지는 않았는지 서너 군데에서 합격 소식을 받았다. 그렇게 나는 첫 회사에 입사했다.

　　요즘 내게 고민 상담을 요청하는 친구들이 많다. 나이도 많고 스펙도 없는데 어떻게 해야 할지 묻곤 한다. 그때마다 나는 '지금보다 더 나아지기 위한 일들'을 하라고 조언해 준다. 현재 상황에 만족하지 못하면서 아무것도 하지 않는다면 불만을 해결할 수 없다. 무엇을 해야 할지 모르겠다면 경험이 부족해서 그렇다. 내가 관심 있는 분야가 무엇인지 다양한 경험을 통해 찾아봐야 한다. 책을 읽고 여행을 다니고, 다양한 사람들과 대화도 많이 해 보자. 평소에 관심 있던 분야의 자격증도 응시해 보고 지금 할 수 있는 선에서 할 수 있는 것들을 해 보자. 용기를 가지고 당장 할 수 있는 일들이 무엇인지 고민해 보아야 한다.

　　그런 다음 목표를 선정해야 한다. 나의 목표는 취업이었다. 그리고 취업을 위해 토익을 준비했다. 그게 지금 상황을 개선하는 방법이었다. 물론 나는 취업을 할 수 없을 거라 생각했다. 남들도 다 나온 고등학교를 다니지 못해서 검정고시로 고등학교를 졸업했으며, 학점 은행제로 학사를 겨우 취득했다. 흔히들 가지고 있는 자격증도 없이 토익 점수 달랑 하나 가지고 취업 시장에 달려들었던 것이다. 무식하면 용감하다고 지금 생각하면 딱 그 격이었다. 하지만 그 용기가 기회를 주었다.

당장은 불가능해 보여도 목표를 정하고 그것을 향해 한걸음 나아간다면 뭐든 할 수 있다. 중요한 건 한계를 정하지 않는 것이다. "나는 안 될 거야."라는 말로 스스로를 한계에 가두지 말자. 다만 늦은 만큼 더 열심히 하자. 꾸준히 하는 자는 뭐든 할 수 있다. 지금 할 수 있는 가장 작은 노력부터 시작해서 목표를 달성할 때까지 멈추지만 않는다면 무엇이든 해낼 수 있을 것이다.

모로 가도 서울로

내가 입사한 첫 회사는 해외 이주 화물을 운송하는 회사였다. 연봉은 퇴직금을 포함해 고작 2천만 원이었다. 게다가 사장의 아들이 본부장이었고, 당연히 사내 체계가 없었다. 제대로 된 시스템 또한 구축되어 있지 않아 회계 직원의 횡령도 손쉽게 일어나는 곳이었다. 이뿐만 아니다. 노동법으로 규정되어 있는 연차를 쓰는 것도 자유롭지 못했다. 내게 주어진 연차를 쓰기 위해선 많은 이유가 필요했다. 또한 주말에도 끊임없이 고객사의 연락을 받아야 했으며, 업무 처리를 위해 공휴일에도 출근해야 했다.

그래도 그만두고 싶진 않았다. 경력이 1년이라도 있어야 다른 곳으로 이직할 수 있을 거란 생각을 했다. 나름의 소속감도 좋았다. 나는 중학교 졸업 이후 첫 입사를 한 26세까지 소속감이란 걸 가져 본 적이 없었기 때문에, 소속이 있다는 사실만으로도 큰 안정감을 느꼈다. 다행히 동료들은 좋아서 (현 회사로 데려와 지금까지 함께 일하는 친구들도 있다) 서로 의지하며 회사에 다닐 수 있었다.

그러던 어느 날 회사 직원 중 한 명으로부터 '고등학교도 못 나온 애'라는 소리를 들었다. 내가 고등학교를 진학하지 못한 것은 맞지만, 졸업장을 갖기 위해 검정고시를 보았으며 학점 은행제를 통해 학사도 취득한 상태였다. 하지만 그들에게 나는 그저 중졸 출신의 직원일 뿐이었다. 회사를 그만두고 먼 훗날 기업 정보 플랫폼에서 그 회사를 검색해 봤는데, 돈 없고 가난한 애를 뽑아야 회사를 그만두지 못한다는 말을 들었다는 재직자의 리뷰를 보았다. 그렇다. 그들에게 나는 그저 돈이 없고 가난해서 그만두지 못하는 직원일 뿐이었다. 나름 소속감과 애정을 가지고 회사에 다녔지만 그런 말을 들으면서까지 그곳에 있을 수 없었다. 그렇게 나는 첫 번째 퇴사를 했다.

다음 직장으로는 대기업에 들어가고 싶었다. 적어도 체계는 잘 갖춰져 있을 것이라는 막연한 기대가 있었다. 일을 배우고 내가 성장할 수 있는 곳이면 너욱 좋았다. 누군가에게 대체되지 않는 나만의 커리어를 키우고 싶었다. 마침 하반기 공채 시즌이었다. 학점 은행제지만 학사도 있고, 영어 점수와 업무 경력이 있으니 나를 뽑아 줄 곳이 한 군데라도 있을 것이라 생각했다. 매일 자기 소개서를 쓰고 입사 지원을 했다. 당연히 서류조차 통과되지 않았다. 사회에서 나의 위치는 딱 그 정도였다.

전략을 바꿨다. 모로 가도 서울만 가면 된다고, 대기업 계약직을 노려보기로 했다. 지금은 대기업 계약직이라는 자리가 어떤 자리인지 안다. 하지만 당시에는 몰랐다. 계약직으로 입사해도 열심히만 하면 정규직이 될 수 있을 거라는 순진한 생각을 했다. 노선을 계약직으로 바꾸니 오라는 곳이 여러 곳 있었다. 기존 회사의 인수인계 일정과 맞지 않아 입사하지 못했던 H그룹 계열사에서는 내게 서너 차례 더 전화해서 꼭 와 줄 수 없겠느냐고 되묻기도 했다. 하지만 퇴사 일정이 너무 촉박해 결국 그곳에는 갈 수 없었다.

그러다 현재 다니고 있는 회사의 공고를 발견했다. 현 회사는 물류 회사로 구인 중인 직무가 이전 회사에서 했던 업무와 유사했다. 떨리는 마음으로 이력서를 넣었다. 그리고 며칠 지나지 않아 면접을 보러 오라는 연락을 받았다. 대망의 면접 날. 피면접자는 나까지 총 10명이었다. 단 한 명을 뽑는 자리라고 하니 너무 긴장되었다. 게다가 내 면접 순서는 끝에서 두 번째였다. 두 명씩 들어가는 면접임에도 불구하고 기다리는 시간이 너무 길게 느껴졌다.

내 차례가 되었을 때, 숨을 고르고 면접을 보는 회의실로 들어갔다. 면접관 자리엔 한 분이 앉아 있었다. 나는 그동안 했던 업무들에 대해서 설명하며 귀사에서 뽑는 직무의 역할과 밀접한 관련이 있다고 어필했다. 그는 내게 야근을 할 수 있는지, 영어는 할 수 있는지, 업무가 많이 힘들 텐데 버틸 수 있는지 이런저런 질문을 했다. 그리고 나는 무조건 다 할 수 있다고 대답했다. 그게 당시의 내 각오이기도 했다.

면접을 마치고 받은 면접비를 바라보며 이곳은 피면접자를 배려하는 회사라는 느낌을 받았다. 꼭 입사하고 싶다는 생각과 함께 면접 결과를 기다렸다. 2주가 지나도록 연락이 오지 않았다. 혹시 떨어진 건 아닐지 많은 걱정을 했다. 그러던 중 내가 지원한 팀의 옆 팀에서 인원을 뽑는다는 공고가 올라왔다. 지원 과정을 통해 알게 된 인사 팀 담당자에게 메일을 보냈다. '저 2팀에 지원한 아무개인데, 1팀의 공고가 올라왔더라. 혹시 1팀에 중복 지원해도 되는지' 같은 내용이었다. 인사 팀 담당자가 내 메일을 받고 무슨 생각을 할지 모르겠지만 나는 그 정도로 절실했다.

그리고 다음 날 전화를 받았다. "안녕하세요. L기업 인사 팀 담당자 ○○○입니다. 제가 몰래 전화드리는 건데, 이진아 씨는 이미 합격해서 내부적으로 결재 중에 있습니다. 결재는 거의 끝난 상태이고, 조만간 다시 공식적으로 연락드릴게요." 내 입사를 담당하던 직원도 입사한 지 얼마 되지 않은 신입 사원이었다. 그래서 내 마음을 잘 알았는지 회사 몰래 전화를 준 것이다. 나는 "정말요? 진짜요?" 여러 번 확인하고는 전화를 끊었다. 그리고 속으로 쾌재를 불렀다. 이직에 성공했다. 그것도 대기업이다. 고졸 검정고시 출신의 내가 (비록 계약직이지만) 대기업에 합격한 것이다. 버스 정류장에서 너무 좋아서 소리를 지르며 방방 뛰었다. 엄마에게 전화해서 합격했다고 자랑했다.

만약 대기업 취업은 불가능한 것이라 생각하고 도전조차 하지 않았다면 과연 입사할 수 있었을까? 계약직이었기 때문에 도전조차 하지 않았다면 지금처럼 정규직이 되어 이 회사에 다닐 수 있었을까?

나는 조금이라도 더 어릴 때 무모하게 살아 보지 못한

것이 제일 후회된다. 어차피 안 될 거라는 생각으로 도전해 보지 않은 일들로 놓친 기회가 얼마나 많았던가. 내가 조금만 더 용기를 냈더라면 지난날에 대한 후회도 적었을 것이다.

지금도 생각한다. 안 하는 것보다 망하는 것이 낫다. 차라리 망한다면 망했다는 것이라도 알지. 아무것도 안 한다면 아무것도 알 수 없게 된다. 지금 당장은 용기 내어 도전하는 것이 어렵더라도, 한 발자국 나아가 보면 별거 아니라는 생각이 들 것이다.

실패할까 봐 시도조차 하지 않은 순간이 있는가? 그 선택에 대해서 만족스러웠는지 묻고 싶다. 만약 만족스럽지 않았다면 앞으로는 어떤 선택을 하고 싶은지 한 번 생각해 보길 바란다. 지금껏 해 왔던 것처럼 지낼지, 혹은 조금이라도 달라지고 싶다는 생각으로 도전을 해 볼지 말이다. 가장 중요한 것은 하고자 하는 마음을 먹는 것이다. 마음을 먹는 순간 사람은 변하기 때문이다.

커리어에 가치를 더하자
업무 능력 키우기

어떻게 하면 효율적으로 일할 수 있을까?

대기업에 대한 환상은 한 달도 채 가지 못했다. 입사와 동시에 인수인계가 시작되었다. 12개의 거래처를 한 번에 받았다. 거래처마다 업무의 특성이 달랐다. 관련 업무를 해봤음에도 불구하고 한두 군데도 아니고 12개의 거래처별 특징을 바로 숙지하는 건 쉽지 않았다.

사용하던 시스템도 문제였다. 거래처가 많은 만큼 소규모 거래처가 대다수였는데, 월말 정산을 하기보다는 운송 건별로 정산을 진행하는 곳이 많았다. 한 건의 운송을 진행할 때마다 정산을 해야 하는 상황이었다. 그런데 정산 프로그램이 너무 느렸다. 게다가 엑셀로 수기 정산서도 만들어야 했다. 실무는 근무 시간에 하고 정산은 아침 일찍 출근해서 혹은 저녁 늦게 야근하면서 진행해야 했다. 몇 개월 동안 아침 8시에 출근해서 밤 11시에 퇴근하는 날이 이어졌다.

밥 먹을 시간도 아까워 샌드위치나 삼각김밥을 사서 자리에 앉아 먹으면서 일했다. 화장실 갈 시간도 없어서 방광염을 달고 살았다. 너무 힘들었지만 그만둘 수 없었다. 대기업에 다니는 게 좋았다. 여기서 어떻게든 버티고 싶었다. 그래서 내가 지금 개선해야 할 점이 무엇인지 고민했다.

당시 회사에는 자체적으로 만든 업무 시스템이 있었다. 하지만 익숙하지 않다는 이유로, 실무와 괴리가 있다는 이유로 여전히 엑셀을 이용하는 운영 직원들이 많았다. 다들 각자 엑셀을 관리했기 때문에 누군가가 퇴사를 하면 자료를 보존할 수 없었고, 이슈가 생겨도 히스토리를 알 수 없으니 대응하기도 어려웠다. 하지만 시스템 서버에 실적을 관리하면 누구나 자료를 찾아볼 수 있고 관리에도 도움이 되겠다 싶어서 나는 홀로 그 시스템을 활용하기 시작했다.

시스템을 익히고 활용하자 업무 속도가 개선되었다. 필요한 기능이 있을 때마다 유관 부서에 수정을 요청했다. 그렇게 3개월 일했을까? 시스템 개선 TFT가 개설되었고, 나는 실무 직원으로서 자문으로 참여하게 되었다.

제일 먼저 요청한 것은 실적 관리와 정산의 통합이었다. 기존의 경우 실적과 정산서는 엑셀로 처리했고, 실제 정산은 별도의 프로그램으로 처리하여 업무가 이원화되어 있었다. 업무를 통합해 실적과 정산을 연계할 수 있었고, 더욱 정확한 실적 확인이 가능해졌다. 필수로 입력해야 하는 것들을 강제화해서 어느 누가 자료를 조회해도 필요한 자료가 표준화되어 나올 수 있게 했으며, 정산도 실적마다 진행되었기에 누락하는 정산 항목이 없도록 개선했다. 내 업무 또한 시스템의 도움을 받아 효율적으로 처리할 수 있었고 자연스레 야근하는 날이 줄었다.

비즈니스 업계의 대가로 불리는 엘리 골드렛(Eliyahu M. Goldratt)의 《더 골 The Goal》에는 TOC 이론(Theory Of Constraints, 제약 이론)이 나온다. TOC란, 시스템의 목적 달성을 저해하는 제약 조건을 찾아내 이를 극복하는 개선법을 말한다. 여기서 제약이란 전체 시스템의 성과를 결정하는 가장 취약한 부분을 가리키는데, 모든 회사에는 하나 이상의 제약이 존재하고 이는 생산 능력이나 품질, 업무 규정이나 경영 철학 등 모든 것이 될 수 있다. 우리 회사, 적어도 우리 본부에서의 제약은 시스템이었던 것이다.

이런 제약은 일개 직원의 의견만으로는 해결될 수 없으며 경영진의 전폭적인 지지가 필요하다. 또한 존재하는 제약을 해결하더라도 또 다른 제약이 발생하기 때문에 지속적으로 관리해야 한다. 우리 회사에서는 직원들의 업무 효율화를 위해 TFT를 구성하여 당시 시스템을 개선하고자 했다. 이

후에도 시스템을 신규 개발하며 직원들이 능률적으로 일할 수 있도록 투자를 아끼지 않았다. 이 일로 회사에 대한 애사심이 더욱 깊어졌으며, 이곳에서 조금 더 커리어를 쌓고 입지를 다질 수 있는 방법을 고민했다. 그리고 또다시 진로를 결정해야 할 시기가 다가왔다. 오랜 고민 끝에 결정한 것은 바로 영업이었다.

단순 운영 업무가 아닌 나만의 전문성을 갖춘 업무를 하고 싶었다. 뿐만 아니다. 시스템 개선을 통한 불안감도 영업으로 진로를 결정하는 데 한몫했다. 겨우 실무 직원의 의견 하나로도 시스템이 이렇게 개선되었는데 앞으로는 어떻게 될까? 시스템이 자동화되면서 내가 설 자리가 점점 더 좁아지지 않을까? 나는 여기에서 오래 일하고 싶은데 그렇게 하려면 어떻게 해야 할까? 수많은 고민들이 생겼다. 나는 일하는 게 좋았다. 특히 우리 회사에서 일하는 것이 좋았다. 더 나은 방향으로 개선하고자 노력하는 회사의 모습이 좋았고, 회사가 성장하는 만큼 나도 성장하는 게 느껴져서 뿌듯했다. 이곳에 소속되어 있다는 것에 안정감을 느꼈으며, 앞으로도 오래도록 일하고 싶었다. 그렇다면 난 어떻게 해야 할까?

받는 만큼 일한다는 말

그러던 어느 날 회사는 실적을 만드는 곳이라는 걸 깨달았다. 영업직을 하며 수익을 만들어 낸다면 회사가 나를 필요로 하지 않을까? 그때부터 나는 아무도 시키지 않은 영업 일을 하기 시작했다. 영업 직무에 대한 이해도가 낮았기 때문에 우선 기존에 내가 운영하고 있던 거래처부터 파기로 했다. 연간 비딩을 통해 우리 회사와 함께 업무를 하던 거래처 A가 그 대상이었다. 당시 A는 비딩을 통해서 3개 업체와 계약을 맺고, 팀마다 원하는 업체와 일했다.

나는 나와 함께 일하는 팀이 더 많아져야 한다는 생각에 라포(Rapport, 친밀한 관계) 형성을 위한 작전을 세웠다. 그 회사의 업무 사원이든 영업 사원이든 가리지 않고 일주일에 한두 번씩 찾아가서 우리 회사와 일하면서 불편한 점은 없는지, 필요한 부분은 없는지 체크했다. 그리고 커피와 밥을 함께 먹으며 거리를 좁혔다. 다행히 나와 친해진 거래처의 영업 사원들은 우리 회사와 일하기 시작했지만 그것만으로는 매출이 크게 증가하지 않았다.

그렇다면 매출을 증가시킬 방법은 무엇인가? 직장인이 돈을 모으려면 고정적인 월급으로는 한계가 있기 때문에 부업을 해야 한다. 나도 우리가 비딩된 구간 외의 물량을 운송해야 추가적인 매출이 발생할 것이라 생각했다. 거래처의 친해진 영업 사원들을 정기적으로 찾아가 다른 업체에서 여러 가지 상황으로 실행하지 못한 운송에 대한 영업을 했다. 또한 해상이 주 계약 구간이었지만, 항공 물량에 대해 수요를 조사하며 영업을 했다.

그래서 어떻게 되었느냐고? 매출은 5배가 증가했으며 불안정한 시황으로 운임이 높아 마이너스 영업 이익을 내던 것이 플러스로 전환되었다. 나는 매달 내가 영업해서 진행한 비계약 구간의 매출과 영업 이익을 정리해서 팀장님과 직속 상사에게 메일을 보냈다. 팀장님은 이러한 나의 성과를 인정해 좋은 평가를 내려 주었고, 덕분에 정규직으로 전환이 되며 당시 진급 대상자 중에 입사가 제일 늦었지만 가장 먼저 진급할 수 있었다.

나는 받는 만큼만 일한다는 말을 좋아하지 않는다. 받는 만큼만 일하면 결국 받는 월급은 변하지 않는다. 능력 밖의 일을 해냈을 때, 내 능력 또한 그 이상 커질 수 있다. 능력 내에서 일한다면 결국 그 수준에 머무를 뿐이다. 성장하기를 원하는가? 남들이 하지 않는 플러스 알파를 해야 한다. 남들만큼 해서는 남들과 똑같은 평가를 받을 뿐이다. 그리고 어떤 평가를 받을지는 본인의 선택이다.

꼭 영업을 하라는 말이 아니다. 무엇이 내 커리어에 가치를 더해 줄지 생각해 보자. 나만의 전문성을 쌓기 위해 꾸준히 공부를 하자. 자격증을 따든 업무 관련 책을 읽든 계속하자. 업계의 근황을 뉴스레터로 받아 보거나 KMOOC 같은 곳에서 질 좋은 강의를 수강할 수도 있다. 사내 프로그램이 잘 구비되어 있다면 그것을 활용하는 것도 좋은 방법이다. 안정적인 월급이 나온다고 해서 자기계발을 멈추지 말자.

보상을 받으니 더욱 욕심이 생겨 기존 업체뿐만 아니라 다른 업체에 대한 영업도 생각하게 되었다. 파인애플을 먹을 때에도 수입원이 어디인지, 어떤 물류 업체를 사용하고 있는지 고민했다. 작은 업체라도 영업을 해 보고자 노력했다. 하지만 회사가 합병하면서 팀이 바뀌었고, 항공 업무를 담당하던 직원들에게 내가 영업했던 항공 업무를 넘겨야 했다. 그리고 나는 더 이상 영업을 할 수 없었다. 그렇게 다시 운영 업무에 집중할 수밖에 없었다. 또 한 번 진로를 고민하는 시기가 찾아왔다.

무엇이든 되게 만드는 힘
나의 첫 사업 도전기

플리 마켓에서 펼치는 영업의 꿈

더 이상 영업직을 할 수 없게 되었을 때, 진로에 대해서 많은 생각을 했다. 이렇게 운영직으로 회사를 계속 다녀야 한다면 이곳에 오래 머무를 수 있을까? 답은 쉽게 나오지 않았다. 나는 이 회사가 좋았다. 오래도록 다니고 싶었다.

그러던 어느 날, 우선 다양한 경험을 해 보면 좋겠다는 생각이 들었다. 회사에서 영업을 할 수 없다면 밖에서 물건을 팔아 보기로 했다. 이런 경험을 해 본다면 영업직에 대한 나의 입장을 정리할 수 있을 것이고, 이를 바탕으로 회사에 나의 뜻을 더욱 확고히 전할 수 있을 것이란 생각을 했다. 다행히 우리 회사에서 겸업은 금지되어 있지 않았다. 업무 시간 내에만 하지 않으면 되었다. 나는 주말을 이용하기로 했다.

무엇을 팔까 고민하다가 직접 찍은 사진들로 핸드폰

케이스를 만들어 보기로 했다. 고민 없이 바로 주문 제작에 들어갔다. 주말에 열리는 플리 마켓의 셀러로 등록도 했다. 내가 찍은 사진들은 꽤 괜찮았기 때문에 플리 마켓에 나가기만 한다면 불티나게 팔릴 것이란 생각이 들었다.

하지만 간과한 게 있었다. 핸드폰 케이스라는 게 필요에 의해서 한 번 구매하면 웬만해서는 추가 구입을 하지 않는 아이템이라는 것이다. 그저 예쁘다는 생각으로 2만 원에 가까운 돈을 선뜻 꺼내기는 힘들다. 그러거나 말거나 영업을 하며 거래처의 매출을 올렸던 나는 자신감이 충만해져서 '어이구, 상품이 모자라서 못 팔면 어떡하지' 걱정하며 100개 정도 제작해 플리 마켓에 나갔다. 결과는 당연히 폭망이었다. 시장의 반응은 냉담 그 자체였다.

한 달 동안 주말마다 플리 마켓에 꾸준히 나갔는데 겨우 자리 값만 벌고 돌아왔다. 다들 구경하며 예쁘다는 말과 함께 한 번씩 만지기는 했지만, 정작 구매는 하지 않았다. 그때 깨달았다. 사람들은 겨우 예쁘다는 이유만으로 지갑을 열지 않는다. 그들에게 정말로 필요한 상품이거나 어디에서도 구입할 수 없는 물건이 아니라면 말이다. 그렇게 나는 많은 재고를 떠안아야 했고, 그 재고들은 선물용으로 역할을 다했다. 딱 재료비만 얻은 채 그렇게 사업의 꿈을 접기는 개뿔, 필요하거나 희귀하지 않아도 사람들이 쉽게 지갑을 여는 것이 하나 있음을 발견했다.

그날도 플리 마켓에 참여해 사람들이 오지 않는 가판대를 지키고 있었다. 그런데 유독 손님이 많은 부스가 보였다. 바로 음식을 파는 곳들이었다. 판매자가 솜사탕을 팔든, 강아지 수제 간식을 팔든, 수제 청을 팔든, 마카롱을 팔든 입으로 들어가는 것을 파는 곳에는 항상 손님이 북적거렸다.

우선 지르고 보는 내 성격은 어디 가지 않았다. 나는 한 번도 음식 장사를 해 보지 않았음에도 불구하고 저거다 싶었다. 바로 보건증을 발급받고 야시장에 참가 신청서를 제출했다. 당시 MBC 예능 프로그램 〈전지적 참견 시점〉에서 개그맨 이영자의 먹방이 유행했는데, 그때 한창 흥했던 메뉴가 바로 소떡소떡이었다.

이 메뉴를 고른 것에 큰 이유는 없었다. 치킨집에서 아르바이트하며 닭도 튀겨 봤는데 이거 하나 못 튀기겠어? 싶었다. 냉동으로 완제품이 나오니 살짝 튀겨서 나가기만 하면 됐다. 사야 할 도구들은 휴대용 버너와 네모난 팬 정도였으니 투자비도 그리 크지 않을 것이라 예상했다. 또 원대한 꿈을 가졌다. 이걸 팔아 부자가 되면 건물을 사야지 생각하며 주문을 넣었다. 이 원대한 꿈을 소떡소떡 100개로는 이룰 수 없을 테니 150개를 주문했다. 케첩과 머스터드 소스도 대용량으로, 포장지와 손님들이 사용할 냅킨도 넉넉히 주문했다. 하여간 투자는 아끼면 안 된다. 모조리 주문했다.

대망의 야시장 성공기

이름만 야시장일 뿐 오전 11시라는 이른 시간에 운영이 시작되었다. 나는 10시에 나가서 느긋하게 물건을 모두 옮기고 테이블을 세팅했다. 이전처럼 망하지 않을 거라고 다짐하면서 버너도 꺼내고 준비한 소떡소떡도 꺼냈다.

이름과 가격을 A4 용지에 쓰려는 순간 갑자기 가족 단위의 손님들이 몰려왔다. 테이블 위에 꺼내 놓은 소떡소떡을 보고는 가격도 묻지 않고 냉큼 "2개 주세요." 하며 주문부터 했다. 그렇게 주문하는 가족들을 보고 너도나도 몰려와 줄을 서기 시작했다. 이전에 나갔던 플리 마켓에서는 볼 수 없던 풍경이었다.

야시장에 함께 나간 친구가 "야, 너는 돈만 받아! 음식은 내가 다 할게!"라고 의기양양하게 소리쳤지만 막상 손님들이 몰려오니 당황했는지 소떡소떡을 태우는 사태가 발생했다. 한여름에 우리가 파는 음식을 먹고 탈이 날까 걱정돼 꽁꽁 얼린 게 화근이었다. 얼어 있던 소떡소떡이 녹으면서 물이 생겼고, 물과 기름이 만나면서 기름이 순식간에 사방으로 튀었다. 그 바람에 냄비가 다 타버린 것이다. 재료에 대한 이해가 없어서 생긴 문제였다.

이뿐만 아니라 꽁꽁 얼려 둔 소떡소떡이 생각보다 천천히 해동되는 것도 문제였다. 손님들은 계속 줄을 서는데 판매할 수 있는 물건이 없었다. 급히 편의점으로 달려가 은박지를 사서 하나하나 감쌌다. 냉동된 것을 은박지에 싸 놓으면 빨리 해동된다는 말을 어디선가 들어 어설프게 임시방편을 마련한 것이다.

나는 친구를 밀치며 "야, 너는 케첩이나 뿌려!" 하고 비장하게 소떡소떡을 튀기기 시작했다. 해동이 덜 된 소떡소떡을 튀기려면 인내의 시간이 필요했다. 아주 약한 불에 천천히, 자주 뒤집으면서 튀겨야 했다. 음식을 파는 것도 생각만큼 쉬운 일이 아니었다.

그렇게 기름에 손을 담그며 소떡소떡을 튀기니 착용한 비닐장갑이 모두 녹아내렸고 손에는 물집이 잡히기 시작했다. 그런데도 손님들이 계속 몰려오는 통에 뜨거운 줄도 모르고 계속해서 튀겼다. 친구는 그냥 포기하고 집에 가자고 했다. 나는 이대로 포기할 수 없었다. 이거 하나 못 하면 앞으로 무엇을 할 수 있을까? 나는 친구에게 조금만 더 버텨 보자고 했다.

기름에 튀겨져 빨개진 내 손가락을 보고 친구가 편의

점에서 목장갑을 사 왔다. 그 위에 비닐장갑을 꼈다. 감히 굽는 걸 멈출 수는 없었다. 사람들이 계속해서 줄을 섰기 때문이다. 태우지 않기 위해 하나하나 심혈을 기울였다. 그럼에도 불구하고 망치는 소떡소떡이 생기면 새로 꺼내 다시 튀겼다. 단 한 명의 실망이라도 용납할 수 없었다. 친구에게 계속 사람들의 반응을 물어봤다. 컴플레인이 들어올까 봐 조마조마했다. 친구는 케첩과 머스터드 소스를 뿌려 주고 돈을 받았다. 이마에 송골송골 맺힌 땀방울이 보였다. 그 친구도 나만큼이나 정신없어 보였다. 소떡소떡을 튀기는 것만 힘든 게 아니었다. 사람을 응대하는 일도 힘든 것이었다. 세상에 참 쉬운 일이 하나도 없다.

그렇게 우리는 오전 10시부터 저녁 7시까지 계속 소떡소떡을 팔았다. 밥 먹을 시간도 없어서 잘못 튀긴 소떡소떡으로 식사를 하고, 물로 목을 축이며 장사를 했다. 화장실에 갈 시간도 없었다. 그래도 시행착오를 겪으며 끝까지 해냈다는 게 의미 있고 재미있었다. 무언가를 파는 일로 누군가의 호응을 얻는 것은 참 유쾌한 경험이다. 카타르시스가 느껴졌다. 손님들은 끊이질 않았고, 나는 야시장의 종료 시간보다 훨씬 더 전에 준비한 소떡소떡 150개를 모두 팔았다. 그리고 당일 번 돈으로 자릿세와 재료비를 모두 제하고도 이십만 원이 남았다. 돈도 돈이지만, 무언가에 꽂혀서 바로 실행하고 그에 대한 결과를 얻은 것에 큰 의미가 있었다. 생각만 하고 실행하지 않았더라면 이러한 경험은 하지 못했을 것이다.

　　휴대폰 케이스와 소떡소떡을 팔면서 영업에 대해서 다시 생각하게 되었다. 내가 팔고 싶은 것이 아닌 사람들이 필요로 하는 것을 팔아야 한다는 깨달음을 얻었다. 회사에서 영업 일을 하며 내가 어떻게 매출을 올릴 수 있었는지 이해되는 순간이었다. 나는 그들이 필요한 것(스페이스와 좋은 운임)을 찾아다 주었다. 앞으로도 그들이 원하는 것을 가져다 준다면 좋은 결과를 얻을 수 있을 것이다. 이런 건 아무도 내게 가르쳐 주지 않은 이야기였다. 책으로 읽어도 크게 와닿지 않았을 것이다. 이래서 경험이 중요하다. 내가 직접 겪어 봐야 얻는 것들이 있다.

　　다양한 경험을 하기 위해선 무언가 해 보고 싶다는 생각이 들 때 바로 실행해야 한다. 그래야 결과가 나온다. 이런 결과를 통해 무언가를 배울 수 있다. 망한 것도 결과는 결과다. 그를 토대로 또다시 성공의 결과도 얻을 수 있다. 중요한 것은 시도해 보는 것이다. 물론 쉬운 일은 없지만 그렇다고 하지 못할 일도 없다. 겪으면서 배워 가는 것이다. 경험을 통해 문제의 해결법을 찾아가고 개선해야 한다. 그러니 우리 너무 많은 생각은 하지 말고 우선 행동해 보자. 어떤 결과가 나올지는 아무도 모른다.

문득 찾아오는 결심의 순간

서른 살 19학번

그럼에도 불구하고 표지를 따르는 일

어느 날 아침 친한 차장님이 커피 한잔을 하자고 했다. 카페에서 커피를 마시는데 조심스레 내 학벌에 대해 물어보며 대학 진학을 권했다. 당신은 나와 함께 오랫동안 일하고 싶은데 아직까지 우리 사회에서는 학벌을 많이 본다고, 진급이든 이직이든 나중에 꼭 필요할 것이라고 조언했다.

그렇지 않아도 버킷리스트에 빠지지 않고 등장하는 항목으로 '대학교 다니기'가 있었다. 언젠가 꼭 대학에 가야지 했는데 지금이 바로 그때인 것 같았다. 주저했던 것에 대한 결심의 순간은 문득 찾아온다. 파울로 코엘료의 《연금술사》에서는 이걸 '표지'라고 부른다. 신은 표지에 우리 인간들 각자가 따라가는 길을 적어 두었다고 한다. 그날 차장님과의 면담이 내게 표지 같았다. 간절히 원하는 게 있다면 온 우주가 나의 소망이 실현되도록 도와준다는 살렘의 왕의 말이 들리는 듯했다. 차장님과 면담을 한 다음 날 나는 편입 학원에 등록했다.

이 한 해는 나의 마지막 20대이기도 했고, 일과 공부에 있어서 끊임없이 노력한 해이기도 했다. 매일 한 시간씩 일찍 출근해서 영어 단어를 외우고, 점심시간에 샌드위치를 먹으며 독해를 풀었다. 회사가 끝나면 학원에 가서 4시간 내리 수업을 들었다. 그렇다고 회사 생활을 소홀히 하지도 않았다. 담당하던 거래처의 매출을 올렸으며 연초에 팀장님과 가졌던 개별 면담에서 설정한 목표치를 달성했다. 영업직이 아님에도 불구하고 영업을 다녔다. 내가 할 수 있는 것만 한다면 나는 남들과 다를 바 없다는 것을 아주 잘 알고 있었다. 그렇기에 무엇이든 잘 해내야 했다. 그것이 공부든 일이든. 그에 따른 보상도 받았다. 회사에서 600명 중에 단 4명에게만 주는 어학우수상을 받았으며 팀에서 최초로 누락 없이 진급한 사원이 되었다. 그리고 다음 해 나는 서른 살에 야간 대학교에 입학했다.

대학 생활은 모든 게 새로웠다. 수강 신청 하나에도 설레어서 호들갑을 떨었다. 19학번 과 잠바를 구입하고, 학식을 먹어 보기 위해 반차를 쓰고 학교에 갔다. 시험 기간에도 굳이 학교 도서관에서 공부를 했다. 요즘은 도서관 자리도 애플리케이션으로 예약한다. 좋은 세상이다. 회사를 다니며 주 4일 통학하는 것이 쉽지 않았지만 처음 즐겨 보는 대학 생활은 내게 활력소였다. 수업이 끝나고 집으로 돌아가는 밤이면 교정을 걸으며 나도 모르게 괜스레 행복해지곤 했다.

매 학기 치르는 중간고사와 기말고사가 버겁기도 했다. 새로운 학기가 시작되면 학교에 도착하기도 전에 떨리는 마음을 주체할 수 없었다. 이제 또다시 어떻게 한 학기를 보내야 하나 싶은 마음에 망연자실하다가도 학교에 도착해서 붕어방(학교 안의 호수)에 다다르면 강의실까지 걸어가는 길이 설렜다. 그렇게 수업에 들어가서는 또 교수님의 말씀을 재미있게 들었다. 뭐든 하기 전까지가 가장 어렵고 무서운 것 같다. 잘하면서 괜히 쫄았다. 주 4일 통학을 했다. 쉽지 않았지만 못할 것도 없었다. 그리 하고 싶었던 일인데 이정도쯤이야. 내 체력을 깎아먹는 것 같았지만 버틸 수 있었다. 졸업이라는 꿈이 있었기 때문이다.

다만 시험을 볼 때마다 자괴감에 빠지곤 했다. 나는 시험에 요령이 없었다. 중학교를 졸업하고 본 시험이라고는 고졸 검정고시와 학점 은행제 때 진행했던 오픈 북 시험이 다였다. 어떻게 공부해야 할지 감이 잡히지 않았고 수업 내용도 머릿속에 잘 들어오지 않았다. 세상에서 내가 제일 멍청한 사람 같았다.

그도 그럴 것이 다른 학생들은 고등학교 3년을 보내며 학기마다 2회씩 중간고사와 기말고사를 보고, 수능이 다가오면 모의고사를 풀며 요령을 획득했다. 내게는 그런 게 없었다. 그냥 무식하게 교재를 읽고 암기하는 게 다였다. 공부할 시간이 없어 출퇴근 시간과 등하교 시간, 그리고 점심시간에 틈틈이 공부했음에도 시험 점수는 엉망이었고 과제는 항상 버거웠다. 졸업 학점은 3.54로 겨우 중간을 했다. 더 높은 점수를 받고 싶었지만 시간도 내 머리도 허락하지 않았다. 사실 일도 공부도 다 내가 하고 싶어서 하는 거였고 아무도 내게 대학 졸업장을 강요한 적은 없었다. 선택은 내가 했고 그 선택에 대한 책임도 내가 져야 했다.

다만 내가 힘든 이유는 그 무엇보다도 자괴감 때문이었다. 더 잘하고 싶은데 잘하지 못하고 있었기 때문이다. 안 돼서 힘든 게 아니라 잘하고 싶어서 힘든 것이었다. 내가 스스로 감당해야 할 몫이었다. 나는 많이 틀리고 혼나고 좌절해야만 조금씩 잘할 수 있게 되리라는 것을 알고 있었다. 그러기 위해서 중요한 것은 스스로 무너지지 않는 것이다. 이런 건 하나도 힘들지 않다고. 아니, 사실 힘들지만 자기연민이나 서러움에 빠지지 않도록 조심했다. 나는 아주 잘하고 있다고, 나만큼 잘하는 사람도 없을 것이라 위안했다. 누군가가 알아 주길 바라는 일은 그만하기로 했다. 내가 어떤 노력을 했는지 스스로 알기 때문에 그것만으로도 충분했다. 그렇게 두 학기를 보냈다.

대학에 들어와서 후회된 것이 하나 있었다. '진작 할걸'이라는 마음이었다. 내가 만약 2년만 더 일찍 편입했다면? 그럼 나는 서른에 대학에 들어오는 게 아니라 서른에 졸업했을 것이다. 고작 2년이라지만 대학을 다니면서 배우고 느낀 것이 매우 많았기 때문에 대학 입학은 인생의 터닝 포인트가 되었다. 만약 그 터닝 포인트를 더 빨리 겪었더라면? 지금보다 좀 더 성숙하고 시야가 넓은 사람이 되지 않았을까? 그런 생각에 괴로웠다. 괜히 귀중한 2년을 날린 기분이 들었다.

그나마 다행이었던 건 서른에라도 대학에 간 것이었다. 내가 입학한 다음 해부터 야간 대학교의 학생을 더 이상 받지 않았다. 1년만 더 고민했다면 영영 다니지 못했을 수도 있다. 고민했던 학비는 생각보다 쉽게 해결되었다. 당시 내 수입이 그리 크지 않았고, 학교가 국립대인 데다가 학비가 학점제로 되어 있어 저렴했기 때문에 국가장학금으로 해결할 수 있었다. 분명 방법을 찾아봤다면 진작에 시작할 수 있었을 텐데, 혹시 하는 마음에 주저한 것이다. 물론 모든 일에는 때가 있다고 생각한다. 내가 서른이 되어서야 대학에 들어간 것도 다 이유가 있었을 것이다. 경제적인 사정으로, 시간이 없어서, 혹은 일이 힘들어서 등. 하지만 여러 상황을 감안하

먼서 행동하게 된다면 결국 할 수 있는 건 아무것도 없다.

정말 원하는 것이 있다면 생각은 잠시 접어 두고 실행을 해야 한다. 우리에게 필요한 자세는 '그럼에도 불구하고' 그냥 하는 것이다. 목표를 분명히 하고, 도전하는 것이다. 할 수 없다는 생각에 갇히면 시도조차 못 할 것이다. 중요한 건 할 수 있다는 믿음이다. 하면 된다는 생각을 가지고 시작해야 한다. 해 봐서 안 되면 또다시 하면 된다.

지금 생각해 보면 어린 시절 무언가에 무모하게 도전했다가 좋지 않은 결과를 얻었더라도 후회한 적은 없었다. 오히려 다음번엔 이렇게 해야지 같은 생각을 했다. 하고 싶었지만 용기가 부족해서, 혹은 여의치 않은 상황 때문에 하지 않은 것들에 대한 후회는 두고두고 든다.

그래서 지금은 하고 싶은 게 생기면 우선 질러 본다. 이미 2년을 날린 게 너무 아까워서 더 이상 다른 일로 내 시간을 지체하고 싶지 않다. 그렇게 나는 지난 2년 동안 자격증을 몇 개 땄고, 팀을 옮기고, 대학원에 진학했다. 그 과정에서 후회는 없었다. '더욱 열심히 해 볼걸'이라는 후회는 했어도, '시작하지 말걸'이라는 후회는 없었다.

'일단 해 보자'라는 마음이 중요하다. 해 보지 않고는 될지 안 될지 아무도 모른다. '일단 해 보고 안 되면 말지 뭐'라는 마인드 장착은 필수다. 막상 잘되지 않더라도 괜찮다.

그 시도를 발판 삼아 다시 도전하면 된다. 시도라도 해 본 사람과 시작조차 하지 않은 사람은 그다음이 다르다. 그러니 우리 원하는 게 있다면 시작하자. 나중에 말고, 지금 당장.

사소한 점들이 선으로 연결될 때
업무 확장하기

내일의 기회가 된 파견

앞서 적었지만 나는 영업 일을 하고 싶었다. 영업직을 하고 싶었던 건 거래처의 매출을 높이기 위한 것도 있었지만 결국 커리어가 목적이었다. 회사에서 개설한 시스템 개선 TFT에 실무 직원으로 자문에 참여하면서 나도 언젠가 시스템으로 대체될 것이란 생각을 했다. 그렇게 20대 중후반엔 커리어에 대한 고민을 수없이 했다.

영업직의 꿈을 품던 어느 날 기존 팀의 팀장님을 찾아가 "저 영업직 시켜 주세요!" 하고 말하니 조건을 거셨다. 당시 우리 팀에서는 해외 발전소를 짓는 EPC Project 운송을 수주했는데, 고객사 프로젝트 팀에 파견을 다녀오면 영업직을 시켜 주겠다는 것이었다. 일을 더욱 깊게 배울 수 있는 기회라는 말도 덧붙이셨다. 사실 다른 팀원들이 파견을 꺼려

해서 팀장님도 꽤나 난감한 상황이었을 것이다. 새로운 환경에서 새로운 사람들(그것도 갑(甲)과 함께)과 새로운 업무를 배워야 한다는 게 그리 쉬운 일은 아니니 말이다. 그래도 어쩌겠나. "넵. 알겠습니다." 대답과 함께 파견 생활이 시작되었다.

고객사는 발전소를 지었다. 우리 회사는 발전소를 짓기 위한 자재들을 운송했다. 나는 그 중간에서 고객사의 업무 일부를 대신했다. 그리 어렵지 않은 업무였다. 고객사 대신 인보이스와 패킹 리스트 같은 서류를 만들고, 통관이나 보험, 그리고 운송 스케줄을 관리하는 업무였다. 하지만 이전에 하던 업무와는 전혀 달라 새로이 업무를 배워야 했다.

파견을 나간 지 두 달째, 주기기 운송이 곧 시작될 예정이었다. 주기기는 발전소 건설에 가장 중요한 자재로, 운송이 늦어지면 공사 기간도 늦어져 모두가 온 신경을 쏟고 있었다. 제때 제작이 완료되어 문제없이 운송 후 공사에 투입시키는 것이 이 프로젝트를 진행하고 있는 모두의 목표였다. 그러나 일은 항상 마음대로 되지 않는다. 갑작스레 코로나19가 유행했고 이 여파로 생산 공장이 문을 닫으며 생산이 지연되었다. 운송 또한 지연될 위기에 놓였다. 위기감을 느낀 고객사의 PM(Project Manager, 프로젝트 매니저)이 벤더 업체와 매주 1회 콘퍼런스 콜(Conference Call, 비대면 회의)을 시행했고, 나도 물류 운송 담당으로 참여하게 되었다.

생산 업체는 프랑스에 오피스를 둔 제조업체로 담당자들은 모두 현지인이었다. 콘퍼런스 콜을 할 때마다 프랑스 억양이 매우 강해서 **(물론 그들의 귀엔 내 한국어 억양도 만만치 않았을 것이다)** 말을 한 번에 알아듣기가 어려웠다. 게다가 열댓 명이 참여를 하니 다들 각자 하고 싶은 얘기만 하다가 회의가 끝나곤 했다. 이런 프로젝트 업무는 처음이라 뭐가 어떻게 돌아가는지 상황 파악조차 되지 않았다. 매주 꿀 먹은 벙어리처럼 앉아 있다 나오는 게 나의 일과였다.

한 달쯤 지났을까? 계속 이렇게 아무 말도 못하고 앉아 있으면 안 되겠다는 생각이 들었다. 나는 우리 회사의 대표로 콘퍼런스 콜에 참여하는 건데, 업무를 모르고 영어를 못한다는 이유로 가만히 있을 순 없었다. 괜히 분했다. 내 한몫을 하고 싶었다. 그 길로 바로 생산 관리 자격증인 CPIM(Certification Production and Inventory Management) 학원에 등록했다. 주기기 생산 지연이 주된 이슈였기 때문에 생산 활동을 관리하는 SCM(Supply Chain Management)을 알아야 된다는 생각을 했다. 동시에 영어 학원 청취반에 등록해서 평일엔 SCM을 공부하고, 주말엔 영어 청취 훈련을 했다.

업무에도 적응이 되면서 SCM의 체계에 익숙해질 무렵, 어느 순간 프랑스 PM의 말이 들리기 시작했다. 문제는 그의 억양이 아닌 내 귀였다. 일상적인 대화는 막힘없이 했지만 업무에 관련된 콘퍼런스 콜 경험은 전무했기 때문에 딱딱한 분위기 속에서 낯선 SCM 용어들이 잘 들리지 않았던 것이다. CPIM을 공부하며 업무를 파악하고, 주말마다 4시간씩 CNN을 들으며 청취에 익숙해진 덕에 이제야 조금씩 그의 말을 이해하게 된 것이다.

덕분에 나도 제때 발언을 할 수 있었다. 그들의 무리한 요구는 적당히 거절하고, 발전소 건설에 차질이 없도록 운송 일정을 관리했다. 그러던 어느 날, 나와 함께 콘퍼런스 콜에 참여했던 고객사 프로젝트 팀 직원이 갑작스레 현지로 파견을 나가게 되었고 콘퍼런스 콜은 온전히 내 몫이 되었다. 생산 업체와 고객사 사이에서 내가 주제와 일정을 관리하며 회의를 주도하게 된 것이다. 처음에는 혼자서 어떡하지 싶었다. 내가 잘할 수 있을까 걱정이 앞섰다. 그렇지만 피할 순 없었다. 미리 회의 주제를 선정하고, **(생산 업체와 싸워서 이길)** 자료들을 충분히 준비해서 회의에 들어갔다. 크리스마스 전날까지도 타이트하게 운송 일정을 관리했다. 우여곡절이 많았지만 프로젝트는 잘 마무리되었다.

이 일로 고객사의 프로젝트 매니저에게 인정을 받았다. 다음 프로젝트 때도 꼭 함께하고 싶단 말을 들으며, 내가 앞으로 그들의 업무 기준이 될 것이란 말도 들었다. 자격증과 영어 성적은 덤이었다. 무엇보다 내가 스스로 프로젝트를 이끌면서 준비하고 공부했던 것이 가장 큰 자산이 되었다. CPIM이 없었다면 전반적인 Supply Chain에 대한 이해를 가질 수 있었을지 의문이 든다. 그리고 이런 이해도를 가졌기 때문에 거래처의 인정을 받을 수 있었다.

생각해 보면 영어 공부를 한 덕분에 첫 직장에 입사했고, 현 직장으로 이직할 수 있었다. 역량을 키우기 위해 영업을 했던 것이 대형 프로젝트를 맡게 해 주는 계기가 되었고, 프로젝트 과정에서 부족한 부분을 채우고자 자기계발을 했던 것이 나의 다음 진로를 결정해 주었다. 사소한 점들이 선처럼 이어지는 경험을 했다. 스티브 잡스가 스탠퍼드 대학교에서 연설한 'Connecting the dots'가 생각나는 순간이었다. 연관 없을 것이라 생각했던 것들이 선처럼 이어져 다음 단계로 가는 발판을 마련해 주었다.

일과 병행하며 공부를 한다는 게 피곤하고 지칠 때도 있지만, 이 점들이 연결되어 나에게 또 다른 기회가 되어 돌아온다고 생각하면 포기하고 싶은 순간에도 한 걸음 내딛게 된다. 그러니 배움에 있어서 항상 적극적으로 임하자. 내일의 기회가 되어 돌아올 것이다.

매일 조금씩 나아지고자 하는 마음으로
또 다른 시작

컨설턴트라는 새로운 길

파견을 성공적으로 마치고 본사에 돌아왔음에도 영업직이 되지 못했다. 대외적으로는 지금 맡은 운영 업무와 영업 일을 병행하라는 조언을 받았지만 현실적으로 불가능했다. 내가 하던 직무는 시간이 가장 중요한 일이었다. 무엇 하나라도 늦어지거나 잘못되면 많은 것들이 무너지는 일이었다. 따라서 제시간에 업무를 처리하는 것이 중요했다. 그리고 내가 영업을 하러 나가면 내 업무를 대신해 줄 사람이 필요했다. 공식적으로 업무가 분장이 된 것도 아닌데 동료들에게 지속적으로 내 업무를 맡기는 것은 민폐였다. 그런 상황에서 영업을 나갈 순 없었다.

보통 사원을 영업직으로 키우기 위해선 비딩이나 견적 등에 참여시켜 고객사에 견적을 주는 법을 알려 준다. 내게는 그런 사수도 없었다. 결국 이전 프로젝트를 하며 얻은 거래처에 전화를 돌리는 것이 내가 할 수 있는 일의 전부였다(**팬데믹 상황으로 인해 고객사에 직접 찾아갈 수도 없었다**). 결국 운영 업무와 영업 업무를 병행하라는 말은 나를 영업 사원으로 키워 줄 마음이 없다는 말로 들렸다. 그렇다면 내 살길은 내가 찾아야 했다. 어떻게 커리어를 쌓을 것인가 고민할 차례였다.

때마침 CPIM을 공부할 때 다닌 학원에서 들은 물류 컨설팅 이야기가 떠올랐다. 이 이야기를 재미있게 들었던 나는 컨설팅 업무에 관심이 생겼다. 우연인지 운명인지 갑자기 사내에 컨설팅 강의가 개설되었다. 냉큼 수업을 신청해 컨설팅에 대한 기초 강의를 들었다. 그다음 단계의 강의는 대리급 이상만 들을 수 있었는데 나는 일개 사원이었다. 그렇다고 포기할 순 없었다. 컨설팅 팀의 팀장님께 메일을 보내 아직 직급은 낮지만 지난 강의가 업무에 큰 도움이 되었으며 다음 강의도 꼭 듣고 싶다고 어필했다. 팀장님은 흔쾌히 허락해 주었다. 그렇게 컨설팅 자료 분석 시에 꼭 필요한 SQL 강의를 들을 수 있었다.

사내의 컨설팅 강의를 듣고 직무와 관련된 자격증을 취득하며, 팀장님께 간간히 안부 인사를 전했다. 저는 준비되어 있어요! 하는 무언의 외침이었다. 그리고 얼마 뒤, 드디어

컨설팅 팀으로의 이동을 제안 받았다. 그리고 현재 컨설턴트로서 맡은 바 임무를 다하고 있다.

2016년에 현 회사에 입사해 지금까지 다니고 있다. 이 회사는 고졸과 학점 은행제 출신이었던 내게 많은 기회를 주었다. 내가 대기업에 입사하여 정규직이 되게 하고, 영업을 통해서 노력한 만큼 진급으로 보상을 했으며, 끝없는 자기계발에 대한 보상으로 어학우수상과 우수 사원 상을 주기도 했다. 이러한 보상은 나의 성장에 뒷받침이 되었고, 앞으로도 내가 나아갈 수 있는 원동력이 되기도 했다.

지금 하는 일에 무척 만족한다. 신규 프로젝트를 맡았을 때 밤 12시에 집에 가는 일이 허다했지만 일이 재미있었다. 나의 아이디어로 물류비가 절약되는 시나리오를 냈을 땐, 이제껏 해 온 운영 업무가 헛되지 않았다는 마음이 들었다. 고객사와 라포 형성하는 일도 또 다른 재미였다. 그들과 업무에 대해 이야기하며 어떻게 하면 더욱 효율적으로 효과적인 결과를 도출할 수 있을지 논의하는 과정은 더 나은 미래를 위해 자기계발을 하는 나의 모습과 다를 것이 없었다. 그렇게 일을 통해서도 성취욕을 얻게 되었다.

지난날 급여의 수준이나 안정적인 직장 등을 잣대로 진로를 고민했던 것이 무의미하게 느껴진다. 컨설턴트가 된 지금, 어떻게 하면 나의 역량을 더 키우고 효과적인 컨설팅 결과를 도출해 낼 수 있을지 고민한다. 편입 준비를 했던 때와 같이 아직도 한 시간씩 일찍 출근하며 업무 서적을 보는 이유다. 앞으로 나는 더욱 정진할 일만 남았다. 프로 컨설턴트가 되는 그 날을 위해서.

매일 0.1%씩만 나아진다면

어느 날 사업을 하는 친구가 말했다. 매일 0.1%씩 나아진다면 언젠가 100%를 다 채울 수 있을 거라고. 그 친구는 그런 마음을 가지고 매일 매장을 개선하기 위해 노력했고, 지금은 번듯한 사장님이 되어 월 순수익 3천만 원 이상을 번다고 한다.

내가 처음 영어 공부를 결심한 건 호주로 워킹 홀리데이를 가기 위해서였다. 그때 공부한 덕분에 첫 직장에 입사했다. 그리고 그곳에서 수출입 업무를 배웠고 지금의 직장으로 이직할 수 있었다. 현 직장에서도 0.1%씩 나를 개선하기 위해 노력했다. 내가 사용하고 있는 시스템의 효율화를 위해 시스템 개선 TFT에 참여하여 실무 프로세스를 개선하고자 했으며, 거래처의 매출을 올리기 위해 영업을 했다. 부족한 학력을 채우기 위해서 야간 대학교를 다녔고, 커리어를 이어 나가기 위해 고객사로 파견을 갔다. 파견을 가서도 부족한 업무 능력과 영어 회화 능력 향상을 위해 자격증을 따고 공부를 지속했으며, 진로에 대해 고민하고 앞으로 나아가기 위해 진로 변경에 필요한 교육을 들었다. 그리고 마침내 팀을 옮길 수 있었다.

누구라도 할 수 있는 작은 일들을 하나둘 채우다 보니 여기까지 왔다. 만약 내가 영어 공부를 하지 않았더라면, 전 회사와 현 회사에 입사하지 않았더라면, 입사를 하고 나서도 공부에서 손을 떼거나 시스템 효율화를 위해 노력하지 않았더라면, 그리고 직무를 변경하기 위해 노력하지 않았더라면 지금의 내가 될 수 있었을까? 매일 조금씩 나아지고자 하는 그 마음 하나로 여기까지 왔다. 앞으로도 그럴 것이다. 당장 보면 별일 아닌 일들이 하나둘 모여 나의 미래를 만들 것이다. 그러니 아주 작고 사소한 일이라도 그냥 지나치지 말자. 그저 지금 이 순간 내게 필요한 일, 내가 해야 하는 일들을 하나씩 해 나가자. 그것이 나를 어디로 이끌어 줄지는 아무도 알지 못한다.

넓은 세계를 품는
큰 그릇의 영어 공부

　　초등학교 3학년이 되어 처음으로 영어 공부를 했다. 교과목에 영어가 추가되면서 수업 시간에 "Where are you from, Where are you from, I am from Singapore, I am from Seattle" 하는 노래를 익히기 시작했다. 처음에는 쉽고 재미있었다. 문제는 중학교 때부터였다. 문법을 배우면서 영어와 조금씩 멀어졌고, 그렇게 생긴 거리는 점점 넓어질 뿐, 좁아질 기미가 보이지 않았다. 중학교 2학년 때 영어 점수 60점을 받고 이대로는 안 되겠다 싶어서 열심히 단어를 외웠지만 80점을 넘기기가 힘들었다. 고등학교 진학을 포기한 뒤에는 영어를 잠시 잊고 살았다.

　　호주 워킹 홀리데이를 가기 위해 독학으로 영어 공

부를 했다. 지금처럼 무료 교육 프로그램이 다양하지 않은 환경에서 학원 다닐 돈까지 없던 내게는 독학이 최선이었다. 홀로 공부하며 수많은 시행착오를 겪었다. 지금은 원어민만큼 유창한 수준은 아니지만, 오픽은 AL 레벨이며 해외 거래처와의 콘퍼런스 콜에서 의사 표현을 자유롭게 할 수 있다. 'Island'를 '이즈랜드'로 읽었던 아이가, 어떻게 홀로 영어 공부를 해서 프리 토킹까지 가능하게 되었을까?

처음 한국어를 익힐 때 우리는 수만 번, 수백만 번 같은 단어를 듣고 또 말한다. 초등학교에 들어가서도 매일 단어를 읽고 외우고 받아쓰기를 한다. 하나의 언어를 배운다는 건 바로 그런 거다. 끊임없는 반복과 그를 통한 암기로 이루어져 있다. 영어도 사실 별반 다를 게 없다.

그런데 영어는 왜 어려울까? 한국어만큼 반복해서 공부하지 않기 때문이다. 결국 영어는 암기 과목이다. 단어를 외우고, 회화를 따라 하고, 많이 듣고, 읽으면 된다. 반복을 거듭하면 된다. 중요한 건 '어떻게'다. 어떻게 하면 조금 더 수월하게, 그리고 재미있게 공부를 할 수 있느냐가 관건이다.

기본부터 시작하기

단어만 알면 영어를 할 수 있다고 자신 있게 말하는 사람들이 있다. 하지만 문법은 가장 기본이다. 문법에 대한 이해가 없으면 결국 해석이 되지 않는다. 한 문장을 읽을 때 문장을 구성하는 단어를 알고 있음에도 불구하고 그 문장을 해석할 수 없다면 문법이 걸림돌이 되었을 확률이 높다. 갑자기 여기서 왜 to부정사가 나왔는지, 동명사는 왜 있으며 '-ed'가 붙은 이유는 무엇인지 알 수 없다면 제대로 된 해석과 작문이 불가능하다.

단어도 기본 중의 기본이다. 영어의 듣기와 말하기, 쓰기와 읽기 모두 단어에서부터 시작된다. '왜 나는 영어 공부를 해도 점수가 오르지 않을까?'라는 고민이 있다면 우선 시험지에서 모르는 단어가 얼마나 있는지 점검해 봐야 한다.

나는 영어 공부를 시작하면서 가장 먼저 중학교 1학년 영어 문법 교재와 단어장을 구입했다. 문법 교재와 단어장은 서점에 가서 가장 쉽고 재미있어 보이는 것으로 고르면 된다. 하루에 한 챕터씩 문법을 노트에 정리하고 단어를 외운다. 이때 혼자 하면 흐지부지될 수 있으니 함께 공부할 러닝메이트를 만드는 것도 추천한다. 서로 영어 단어 시험을 봐 주는 것이다. 노트에 문법을 모두 정리하고 단어장 한 권을 외웠을 때쯤, 고등학교 1학년 수준의 문법 교재와 단어장을 구입한다. 새로 산 문법 교재를 보면서 이전에 정리해 둔 문법 노트를 보완하고 단어를 외운다. 여기까지 모두 공부한 뒤에는 새로운 교재를 사는 대신 모르는 부분을 체크하고 다시 반복하면 된다.

쌍방향 대화하기

이제 문법과 단어를 어느 정도 익혔을 것이다. 그런데 내가 원하는 건 회화다. 영어로 말을 하고 싶어서 문장을 만들어 보지만 마음만큼 쉽지 않다. 우리는 유아기 때 부모님의 말을 따라 하면서 말을 배운다. 그래서 나는 말을 따라 하기로 결심했다. 그런데 영화나 드라마를 보며 혼자 하려니 영 심심했다. 좋은 방법이 없을까 고민하다가 내가 찾은 방법은 바로 '쌍방향 대화'였다.

요즘에는 외국인과 대화할 수 있는 애플리케이션이 많지만 당시만 해도 펜팔 사이트를 통해 직접 손편지를 주고받거나 이메일 또는 MSN과 SKYPE로 외국인과 교류할 수 있었다. 나는 MSN 메신저를 선택했다. 펜팔을 구하는 친구들의 프로필을 보면 MSN 메신저 주소가 적혀 있었다. 최대한 많은 사람을 친구로 등록하고 그들이 로그인하는 저

녁 시간을 기다렸다. 그리고 외국인 친구들이 접속하면 쌍
방향 대화를 이어 나갔다. 쌍방향 대화 방법은 다음과 같다.

유럽에 사는 친구들이 메신저에 접속하면 두 명에게
동시에 'Hi(안녕)' 하고 인사를 했다. 편의상 그 둘을 A와 B
라고 지칭하겠다. 내가 'Hi(안녕)'라고 보내면 A라는 친구가
내게 'How are you?(어떻게 지내?)' 하고 안부를 물을 것이다.
그럼 나는 그것을 얼른 복사해서 B라는 친구에게 보냈다.
B는 나에게 'Hi(안녕)'와 'How are you?(어떻게 지내?)'라는 안
부 인사를 동시에 받는 것이다. 다음은 B가 대답할 차례. 'I
am fine, Thank you. And you?(난 잘 지내. 고마워. 너는?)'

예를 들면 이런 식이다.

큰 그릇: Hi(안녕)
A: Hi, How are you?(안녕, 잘 지내?)

큰 그릇: Hi, How are you?(안녕, 잘 지내?)
B: I am fine, Thank you. And you?(난 잘 지내. 고마워. 너는?)

큰 그릇: I am fine, Thank you. And you?(난 잘 지내. 고마워.
너는?)

A: Good Good, Thank you. So, what do you do? Where are you from?(나도 잘 지내. 고마워. 그래서 넌 직업이 뭐니? 어디 사람이야?)

큰 그릇: Good Good, Thank you. So, what do you do? Where are you from?(나도 잘 지내. 고마워. 그래서 넌 직업이 뭐니? 어디 사람이야?)

B: Well, I am a high school student, and I am from London, UK. How about you?(음, 나는 고등학생이야. 영국 런던 사람이야. 너는?)

큰 그릇: Well, I am a high school student, and I am from Seoul, Korea. How about you?(음, 나는 고등학생이야. 한국 서울 사람이야. 너는?)

A: Oh, That's great. I am from Barcelona, Spain. Have you heard about it?(오, 멋지다. 나는 바르셀로나 사람이야. 들어 봤니?)

나는 당시 'How are you?'도 'I am fine, Thank you. And you?'도 잘 몰랐지만 이런 방법으로 대화를 이어 나갔다. 위와 같이 A와 B가 하는 말을 서로에게 전달하는 것이다. 그리고 그들이 대화하는 것을 부모님의 말을 따라 하듯 읽으며 메모장에 정리해 두었다. 나중에 다른 친구들에게 말을 걸 때 써먹기 위해서였다.

문장 수집하기

어느 정도 영어가 눈에 익자 응용을 시작했다. A와 B가 서로 이야기하게 만드는 대신 직접 대화에 참여했다. 하고 싶은 말이 생기면 네이버 사전에 검색해서 예문을 찾았다. 그중 유용한 문장은 노트에 정리해 두고 단어만 바꾸는 형태로 반복해서 사용했다.

단어 자체만 외우는 것보다 문장을 통째로 외우는 것이 문법 공부에도 많은 도움이 된다. 문장을 통째로 외우면 문장의 특정한 자리에 형용사가 들어가야 하는지, 명사가 들어가야 하는지, 부사가 들어가야 하는지 생각하지 않아도 자연스럽게 터득하게 된다. 문장을 외우다 보면 그 어색함이 보이기 때문이다. 따라서 어느 정도 영어에 익숙해진 사람에게는 단어보다는 문장 외우는 것을 추천한다.

몇 년 전 습관처럼 자기 전에 영화 〈해리 포터〉 시리즈를 봤다. 매일 20분씩 틀어 두는 방식으로 1편부터 7편까지 정주행을 몇 번 했다. 〈해리 포터〉를 틀어 놓은 이유는 딱히 없었다. 야간 대학교에 다녀온 늦은 밤, 나를 달래주는 소소한 취미 생활이었다.

처음에는 한글 자막으로 보다가 영어 공부도 같이 하면 좋겠다는 생각으로 영어 자막을 틀어 놓기 시작했다. 영어 자막을 틀어 두고 읽으면서 감상하니 처음에는 들리지 않던 대사들이 조금씩 들리기 시작했다. 그리고 어느 날 실수로 자막을 틀지 않았는데 자막이 없다는 걸 인지하지 못했다. 그만큼 영어에 익숙해진 것이다. 나중에는 아무런 자막 없이 그냥 틀어 놓아도 대사가 술술 들렸다. 하도 반복해서 듣다 보니 나도 모르게 대사를 외우게 된 것이다.

이건 '쌍방향 대화하기'와도 비슷한 방법이다. 다른 사람이 하는 말을 계속 듣고 따라 하다 보면 어느새 그 언어가 익숙해지는 건 자연스러운 현상이다. 그런데 내용이 어렵거나 흥미롭지 않다면 반복해서 감상하기 어렵다. 그러므로 좋아하는 영화나 드라마를 반복해서 보는 방법을 추천한다. 어떻게? '한글 자막 → 영어 자막 → 자막 빼기' 순으로!

책《계속 가봅시다 남는 게 체력인데》에서 정김경숙은 "무언가를 배우는 일에 몰입하는 순간에는 미래에 대한 불안은 지워지고, 그 자리에 자신에 대한 막연한 믿음과 긍정적인 에너지가 들어찼다."라고 말했다. 당장 다가올 미래가 불안하다면, 영어 공부가 아니더라도 자신에게 필요한 공부를 해 보면 어떨까? 불안과 고민은 사라지고 해낼 수 있다는 희망찬 미래가 펼쳐질 것이다.

Chapter 2

이제는 당신의 그릇을 키울 차례

나를 알면 보이는 삶의 방향

인생의 방향 찾기

요즘 나는 내가 살아갈 방향에 대해서 자주 고민한다. 내가 무언가를 성취하기 위해 들였던 노력과 시간이 무색하게도, 이게 정말로 내가 원하던 방향이 맞는가 싶어서. 내가 원하는 것과 원하는 삶, 되고 싶은 나와 지키고 싶은 나의 가치관들에 대해서 잘 고민해 보자. 시간이 들어도 천천히.

2021년 6월 7일

어느 여름날의 고민이 무색하게도 이제는 어떻게 살아가야 할지 조금은 알 것 같다. 삶의 궁극적인 목표가 생겼고 이를 이루기 위한 구체적인 계획도 세웠다. 물론 아무런 행동 없이 생긴 변화는 아니다. 1년이 조금 넘는 시간 동안 수많은 고민을 했다.

지금 잘하고 있는지 확신이 없을 때 누군가가 잘하고 있다고 말해 주는 것만으로도 큰 용기를 얻는다. 사람들은 자신이 하고 있는 일이 옳다고 생각하면서도 다른 사람의 인정 없이는 잘하고 있는 것인지 의심한다. 남들이 해 주는 말은 정답이라 여기면서 자신이 옳다고 생각한 길은 의심 없이 나아가지 못한다. 그래서 삶의 방향성을 제대로 잡지 못한다. 자신이 진정으로 원하는 것이 무엇인지 모르기 때문이다.

하루는 공부를 하다가 문득 지친다는 생각이 들었다. 대학에 편입하기 전에는 편입을 준비한다고 퇴근 후 학원을 다니며 4시간씩 수업을 들었다. 학교에 입학하고 나서는 중간고사와 기말고사를 위해 쉼 없이 공부했다. 방학이라고 해서 여유롭지 않았다. 직장과 야간 대학교를 병행하느라 한 학기에 들을 수 있는 학점에 한계가 있었다. 계절 학기는 필수였다. 졸업 학점을 다 채우고도 맘 편히 쉴 수 없었다. 우리 학교는 학부생도 졸업 논문을 써야 했기 때문에 매일 늦은 시간까지 논문을 작성했다. 공부와 일을 3년 동안 병행했기에 지난 시간들이 항상 버거웠고, 끝날 때쯤 되니 슬슬 지치기 시작했다.

공부를 하기 위해서는 시간을 확보해야만 했고, 시간을 확보하기 위해서는 많은 것을 포기해야만 했다. 인간관계가 그중 하나였다. 평일엔 수업을 들어야 했고, 주말엔 시험과 과제를 준비해야 했다. 오랜 시간 동안 사람들을 만나지 못했다. 친한 친구들은 이해해 주었지만 모두가 나를 이해하고 배려해 줄 순 없었다. 자연스레 멀어진 사람들이 많았다. 회사에서도 마찬가지였다. 점심시간에 동료들과 함께 밥을 먹는 대신 공부를 해야 했다. 업무 시간 내에 일을 끝내야 수업에 늦지 않을 수 있었기에 커피 한잔하는 여유도 부리지 못했다. 그렇게 친구들도 직장 동료들도 멀어지자 회의감이 들었다. 지금 내가 하는 일이 가치가 있는 것인가? 하는 의심이 든 것이다.

그럼에도 불구하고 나는 한 가지를 선택해야 했다. 욕심이 많아서 원하는 것도 많았다. 커리어와 우정, 사랑, 돈, 건강, 가족까지 모두 잘 챙기고 싶었다. 하지만 시간은 한정되어 있었기 때문에 모든 걸 챙길 수는 없었다. 이 중에서 정말 원하는 것을 하나 선택해야만 했다. 특히, 인간관계와 커리어 사이에서 많은 고민을 하던 시기였다.

어떤 그릇을 키우고 싶은지 고민하는 것이 그릇 키우기의 첫 번째 과제다. 삶의 우선순위를 정하자는 것이다. 나는 안정적이고 가능성 있는 것들을 추구했기 때문에 정작 내가 무엇을 하고 싶은지는 제대로 생각해 본 적이 없었다. 그저 남들이 옳다고 말하는 것을 따라 하려고만 했다. 스스로 내린 결정보다는 남들이 내려 준 결정이 정답이라고 생각했다.

하지만 내 삶은 내 삶. 남들이 대신 살아 주지 않는다. 인생에서 진정으로 원하는 것이 무엇인지 고민하고 그 그릇을 키우기 위해 노력해야 한다. 그러려면 자기 객관화가 충분히 되어 있어야 한다. 나는 무엇을 할 때 가장 행복한지, 무엇이 내 삶에 가치를 주는지 고민해 봐야 한다. 그리고 그에 따라 삶의 우선순위를 결정하고, 인생의 방향을 정하는 것이다.

물론 바로 해답이 나오지는 않는다. 어려운 문제다. 오죽하면 소크라테스의 '너 자신을 알라'라는 말이 아직까지 내려오겠는가(**정확히는 소크라테스가 한 말이 아닌, 그리스 델포이의 아폴론 신전 입구에 새겨진 말이라고 한다**). 그래서 현재의 나부터 천천히 알아보기로 했다. 나를 알아보기 위해 실천한 다섯 가지 방법을 소개한다.

달리기로 '나' 감각하기

처음엔 체중 감량과 건강 유지를 위해 시작했다. 하지만 달릴수록 스스로에게 집중할 수 있었다. 사람들은 길을 걷거나 대중교통을 타거나 심지어 TV를 볼 때조차 스마트폰을 손에서 놓지 않는다. 스마트폰이 유익한 경우도 있지만 대부분은 무의미한 정보를 읽는 데 시간을 할애한다. SNS나 자극적인 매체들을 읽으며 도파민을 충전할 수 있기 때문이다. 도파민을 쉽게 얻기 위해 스마트폰에 중독되고 결국 스스로에 대해 생각할 시간을 잃는다.

운동을 할 때면 생각을 할 수 있다. 달리는 동안에는 핸드폰을 쳐다볼 수 없기 때문이다. 그저 달리는 순간에 집중한다. 내 발바닥이 어느 부분부터 착지를 해야 하는지, 팔은 적당히 휘두르고 있는지 생각하고 호흡이 가빠지면 페이스를 조절한다. 그러다 보면 그 순간에 집중하게 되고 스스로를 바라볼 시간이 생긴다. 격한 운동이라 힘들다는 것 외에 아무 생각이 들지 않더라도 그것에 익숙해지는 순간 생각을 하기 시작한다.

나는 달리기를 하면서 노래를 듣는데, 어느 순간 노래가 들리지 않기 시작한다. 그 순간부터 자신에게 집중할 수 있다. 생각을 많이 하는 만큼 나 자신을 잘 알게 된다. 과거를 복기하기도 하고, 앞으로의 계획을 세우기도 한다. 때로는 참신한 아이디어가 떠오르는데 이 글 또한 달리면서 생각해 낸 것이다. 달리는 순간 갑자기 목차가 1번부터 떠올랐다. 잊을세라 달리면서 메모장에 받아 적었다.

연구에 따르면 운동은 늙은 신경 세포 사이를 연결하는 망을 만들어 내며 뇌 세포에 혈액과 영양을 공급

해 준다고 한다. 특히 운동을 하면 BDNF(Brain-Derived Neurotrophic Factor)가 분비되는데 BDNF는 뇌에서 분비되는 뇌 유래 신경 성장 인자로, 운동할 때 뇌 전체에 흘러넘친다고 한다. 운동이 뇌가 원활하게 기능하는 데 필요한 환경을 만들어 주는 것이다.

이러한 뇌 활성화는 우리에게 끊임없는 아이디어를 주고, 자기 효능감을 키우는 데 도움을 준다. 자기 효능감은 스스로 무언가를 할 수 있다고 믿는 힘이다. 아이디어와 자기 효능감만 있다면 내가 원하는 것이 생겼을 때 그것이 지금 당장은 실현 불가능해 보이는 일일지라도 도전해 볼 수 있는 용기를 준다. 문득 떠오르는 아이디어를 실현도 해 보지 않고 "나는 안 될 거야." 하며 포기한 적이 있지 않은가? 운동을 통해 더 많은 자신감을 얻고 할 수 있다는 믿음을 얻어 보자. 삶의 선택권이 더 넓어진다.

꼭 달리기가 아니어도 좋다. 자신이 좋아하고 지속할 수 있는 운동을 하자. 체력은 덤으로 따라온다. 그리고 내가 원하는 것을 생각하고 그것을 실행할 때 그 체력이 나의 큰 뒷받침이 되어 줄 것이다.

독서를 통해 내실 다지기

한 권의 책을 쓰기 위해선 많은 시간과 노력이 필요하다. 한 가지 주제를 가지고 한 페이지 글을 쓰는 일은 생각만큼 쉽지 않다. 끊임없이 공부해야 하고 정보를 찾아야 한다. 그래서 나는 책을 읽었다. 별도의 노력이나 수고를 하지 않아도 내게 필요한 정보들을 아주 손쉽게 얻을 수 있기 때문이다. 실제로 그 정보를 얻기 위해 연구하거나 공부하려고 했더라면 내게는 아주 많은 시간이 필요했을 것이다. 하지만 인간의 시간은 유한하다. 수많은 경험을 직접 할 수 없을뿐더러 비효율적이기도 하다. 우리에겐 책이라는 발명품이 있지 않은가. 그 발명품을 잘 활용하자.

관심 있는 분야가 생기면 그 분야의 책을 몇 권 구입해서 읽었다. 읽다 보면 공통적으로 하는 이야기들이 있다. 같은 말이 반복적으로 나온다. 그 이야기를 종합해 들으며 자신의 생각을 함께 만들어 가야 한다. 독서는 생각의 폭을 확장하는 첫걸음이다. 독서 없이는 논리력이나 사고력, 통찰력을 키울 수 없다. 독서를 거듭하면 시야가 넓어지고 기존에 할 수 없던 생각을 할 수 있게 된다. 독일의 극작가 마르틴 발저(Martin Walser)의 말처럼 우리는 우리가 읽은 것으로부터 만들어진다. 독서를 통해 주관을 키우면서 자기 객관화가 이루어지고, 비로소 내가 진정으로 원하는 것이 무엇인지 알게 된다.

책을 읽는 두 번째 이유는 도파민 생성을 위해서다. 도파민은 쾌락과 즐거움을 주는 호르몬으로 뇌의 보상 회로를 활성화시킨다. 세포에 흥분을 전달하거나, 사랑하는 사람과의 공감 혹은 일정 행동에 대한 쾌감을 느낄 때, 목표를 성취할 때 분비된다. 도파민은 의욕과 기억, 성취감과 행동에 관여하기 때문에 나를 성장시킨다. 한 페이지 읽을 때마다 작은 성취감을 얻으며 도파민이 분비된다. 이런 도파민은 무언가를 할 수 있다는 원동력을 만들어 주고 그동안 회피해 왔던 '내가 진정으로 원하는 것'을 시도할 수 있도록 돕는다.

어떤 책이든 좋다. 관심 있는 분야의 책을 읽어 보자. 그게 인문학이든 철학이든 종교 서적이든 상관없다. 심지어 만화책도 괜찮다. 책을 읽다 보면 재미있는 부분도 있을 것이고 무언가를 깨닫기도 할 것이다. 가독성이 좋고 얇은 책부터 시작하자. 책 읽는 것도 습관이다. 오늘은 1페이지, 내일은 2페이지, 하루하루 정해진 시간에 규칙적으로 읽자.

책 읽는 것에 익숙해질 때쯤에는 관심 없는 분야의 책도 읽어 보자. 《코스모스》나 《총, 균, 쇠》 같은 두꺼운 서적에 도전해 보는 것도 좋다. 생각보다 흥미로운 내용이 많고, 그 두꺼운 책을 다 읽어 내면 큰 성취감도 얻을 수 있다.

생각의 힘을 기르는 글쓰기

처음 시작은 블로그였다. 하루하루 바삐 흘러가는 시간에 의미를 부여하고자 매일 일기를 썼다. 그때 시작했던 게 바로 '100일만 해 보자'였다. 100일 동안 매일 빼놓지 않고 짧더라도 글을 썼다. 아주 바쁜 날에는 달랑 한 줄을 적기도 했다.

주제는 상관없다. 나처럼 일기로 시작해도 되고 감사 일기나 지난날에 대한 회고를 적어도 좋다. 글을 쓰다 보면 머릿속으로 생각만 하고 있던 것들이 정리가 되고, 나의 가치관이 더욱 명확해진다. 그리고 이런 글들은 시간이 지난 후에 더 큰 힘을 발휘한다. 내가 이렇게 생각했구나 하고 자신을 이해하게 되며 자기 검열을 하고 나아갈 점을 파악할 수 있다. 나도 지난날에 쓴 글들을 다시 읽고 가다듬어 새 글을 적곤 한다. 그간의 성장과 경험이 덧붙여져 더욱 좋은 글이 완성되고 나의 세계는 그렇게 튼튼해져 간다.

글쓰기를 잘하려면 일단 많이 읽어야 한다. 많이 읽고 자신의 생각을 많이 써 봐야 한다. 말처럼 쉽지 않다. 막상 글을 쓰면 한 장도 채우지 못하는 사람들이 많다. 그럴 땐 필사를 해도 좋다. 책을 읽다가 좋아하는 구절이 나오면 그걸 따라서 적어 보는 거다. 그리고 맨 아랫줄에 자신의 생각을 짧게 적어 보자. 작가의 말에 동의한다는 의견도 좋고,

반박 의견도 괜찮다. 질문과 함께 자신의 질문에 답을 직접 적어 보면 가장 좋다. 그렇게 글쓰기를 연습하다 보면 생각이 더욱 명확해진다. 글쓰기는 생각하는 힘을 훈련시켜 준다. 유시민은 《유시민의 글쓰기 특강》에서 "문자로 쓰지 않은 것은 아직 자기의 사상이 아니다. 글로 쓰지 않으면 아직은 논리가 아니다. 글로 표현해야 비로소 자기의 사상과 논리가 된다."라고 말했다. 그러니 매일 글을 적어 보자. 다이어리에 적어도 좋고, 블로그나 브런치, 트위터 등을 활용해도 좋다. 자신의 취향을 찾아 꾸준히 적을 수 있는 방법을 강구해 보자.

새로운 환경에서 확장되는 나의 세계

인간의 뇌에는 약 1,000억 개의 신경 세포(Neuron)가 있는데 신경 세포가 감각 기관에서 받아들인 정보를 뇌로 전달하면, 뇌는 판단을 하고 명령을 내린다고 한다. 1960년대까지만 해도 대부분의 과학자들은 어린 시절에만 뇌가 학습하고 회복할 수 있다고 믿었다. 나이를 먹으면 머리가 굳는다는 표현을 자주 들어 봤을 것이다. 하지만 이는 거짓말이다. 신경가소성(Neural Plasticity)에 대한 연구 결과, 인간의 뇌는 새로운 학습과 경험에 의해 일생 동안 끊임없이 변하고 발달한다고 밝혀졌기 때문이다. 연구에 따르면 놀이 기구 등 자극이 풍부한 환경에서 생활한 쥐가 자극이 빈약한 환경에서 자란 쥐에 비해 대뇌 피질이 더 두껍다는 사실이 밝혀졌다. 대뇌 피질은 뇌에서 개괄적인 인지 능력과 의사 결정을 담당하는 부위로 대뇌 피질의 두께는 인지 기능에 영향을 미친다. 그리고 뇌의 가소성은 우리가 새로운 환경에 놓였을 때 더욱 활발하게 작용한다.

취직 후 계속해서 나를 새로운 환경에 두었다. 이직과 신규 프로젝트, 야간 대학 입학, 파견, 팀 이동 등 새로운 상황과 꾸준히 마주했다. 이는 다양한 경험을 할 수 있는 계기가 되었으며 책이나 각종 정보들보다 더 많은 영향을 주었다. 다양한 경험으로 인해 생각의 폭이 넓어졌고 삶을 유연하게 대하는 자세를 배울 수 있었다. 또한 경험에서 오는 성공이나 실패는 다음 단계의 발판이 되어 다시 도전할 수 있는 원동력이 되었으며 나의 세계가 점점 더 확장되는 경험을 선사해 주었다.

이직이나 팀 이동, 진학 등이 어렵다면 소소한 방법도 있다. 예를 들어 동호회 활동이나 독서 모임에 참석해 새로운 사람들을 만나거나 오랫동안 만나지 않은 지인들을 보는 것이다. 혹은 새로운 걸 배우거나 새로운 장소에 가도 좋다. 여행도 괜찮고 박물관이나 미술관도 있다. 새로운 환경을 경험하는 방법은 아주 많다. 오늘 그동안 생각만 했던 새로운 경험을 스스로에게 선사해 보자.

인간관계를 통해 깨달은 연결의 힘

새로운 환경에 나를 두는 것과 같은 맥락으로 다양한 사람들을 만나는 것 또한 나의 가치관을 확장해 주는 일이다. 내가 그동안 가지고 있던 선입견을 깨 주기도 하고 새로운 세계로 나를 인도하기도 한다. 대화를 많이 나눌수록 교감을 통해 사회성도 충족할 수 있으며 그동안 홀로 생각했던 것들을 상대에게 말함으로써 자연스레 정리도 된다.

우리는 생각보다 다양한 사람들을 만나지 않는다. 매일 보는 학교 친구와 회사 사람들, 가족, 그리고 같은 친구들을 반복해서 만난다. 결국 대화 거리는 한정되고, 더 이상 새로운 시각을 가질 수 없다. 고인 물은 썩기 마련이다. 인간관계의 흐름 속에 나 자신을 두어야 한다. 다양한 인간관계 속에서 상호 작용하면 견문 또한 넓어질 것이다.

나는 주로 SNS를 통해서 새로운 사람들을 만나고 있다. 특히 트위터를 자주 활용하는데 작년에는 '우리들의 연말 정산'이라는 프로젝트로 새로운 사람들을 만났다. SNS로 모집해서 그런지 다양한 직업군과 연령대의 사람들이 모였다. 공통점이라곤 하나도 없는 사람들이었지만 한 해를 회고한다는 목적으로 저녁 동안 길고 긴 이야기를 나누었다. 처음 만난 자리에서 우리는 한 해를 함께 되돌아보며 서로에게 공감할 수 있었고 그날 이후로 더할 나위 없는 좋은 친구가 되었다.

나이를 먹으면 친구를 사귀기 어렵다는 말을 자주 듣는다. 하지만 그 말은 잘못되었다고 생각한다. 나이를 먹어서도, 그리고 학교나 직장이 아니어도 새로운 사람들을 만날 수 있다. 그리고 그 사람들과의 상호 작용 속에서 긍정적인 영향을 받을 수 있다.

물론 새로운 사람을 만나기 전에 그 사람이 괜찮은 사람인지 아닌지 사전에 충분한 대화를 하며 알아봐야 한다. 세상에는 좋은 사람이 많은 만큼 이상한 사람도 많기 때문이다. 조심해서 나쁠 것은 없다. 만나기 전에는 가까운 지인들에게 약속이 있음을 알리는 것도 좋은 방법이다. 새로운 사람을 만날 때 경계를 늦추지 말자. 그렇다고 너무 주저하지도 말자. 나와 뜻이 같지 않더라도 많은 대화를 해 보자. 자신의 경험을 확대하고 지금까지 보지 못했던 세상을 보자. 그렇게 세상과 마주하며 스스로가 다듬어질 때, 나 자신을 더욱 잘 알 수 있게 된다.

목표와 계획으로 방향에 돛대 달기

버킷리스트 작성하기

삶의 방향성을 정했다면 이제 목표를 정할 차례다. 그런데 여기서부터 막히는 이들이 있다. 목표는 고사하고 무엇을 해야 할지조차 감이 오지 않는 것이다. 자신은 삶의 목표가 없는데, 이럴 땐 어떻게 해야 할지 묻는 질문을 받으면 예전의 내 모습이 떠오른다.

호주에 다녀온 뒤로 내게는 꿈이 없었다. 내일 당장무엇을 해야 하는지도 알 수 없었다. 기다란 터널 안에 있는 기분이었다. 그 터널은 언제 끝이 날지 몰라서 마음은 항상 절망적이었고, 벗어나고자 걸으면 걸을수록 출구는 더 멀어지는 듯했다. 아니, 애초에 출구가 없는 것 같았다.

꿈이란 게 그렇다. 내게 확고한 꿈이 있다면 그것 하나만 바라보고 걸어가면 될 것 같은데, 당장 무엇을 해야 할지 모르니 어디로 걸어야 할지도 몰랐다. 꿈은 어떻게 하면 생기는 건지, 어떻게 해야 내가 하고 싶은 일을 찾을 수 있는지 알 수 없었다. 그렇게 꿈도 희망도 없이 아르바이트를 하며 2~3년을 허비했다.

지금 그때의 나를 만난다면, 할 수 있는 한 다양한 경험을 해 보라고 말해 주고 싶다. 결국 꿈이라는 건 자신이 가장 하고 싶은 일일 것이고, 꿈이 없다는 건 자신이 무엇을 좋아하는지도 모른다는 뜻이다. 내가 무엇을 할 때 가장 행복한지, 나를 의욕적으로 만들어 주는 것은 무엇인지, 잠이 오지 않을 정도로 흥분해서 매달릴 수 있는 일이 무엇인지 알 수 없기 때문에 꿈이 없는 것이다.

이러한 것들은 다양한 경험을 통해서 알 수 있다. 내가 하고 싶다고 바라기만 했던 일을 실천했을 때, 생각보다 내게 맞지 않을 수도 있다. 혹은 우연히 어떤 활동을 했는데 생각보다 너무 재미있을 수도 있다. 해 보지 않고서는 알 수 없다. 많은 것들을 경험해 보자. 또한 꼭 꿈이 직업과 연계될 필요는 없다. 직장인이라고 해서 새로운 꿈을 꾸지 말라는 법도 없다.

스무 살 때부터 작성해 온 버킷리스트가 있다. 그때 작성한 것을 조금씩 수정해 가며 지금까지 쓰고 있다. 목표나 꿈은 수시로 변경되고 보완되어야 한다. 꼭 한 가지만 고집할 필요는 없다. 내가 하고 싶었던 일이 있어서 그걸 하다가 또 다른 재미있는 일을 발견하면 추가하는 식이다. 내가 하고 싶어서 했는데 생각보다 별로라면 그냥 없애 버려도 괜찮다. 여행을 갔을 때 짜 둔 계획이 바뀐 경험을 한 적이 있지 않은가? 원래는 시장에 가서 구경을 하려다가 지나가다 본 골목의 카페가 너무 예뻐서 일정을 바꾸거나, 알아 둔 맛집이 있는데 우연히 사귄 현지인에게 더 좋은 맛집을 추천받아서 그곳으로 목적지를 바꾸는. 삶도 그렇다. 항상 목표를 정하지만 그 과정 속에서 계속 길이 수정되어야 한다. 하고 싶은 일들로만 가득 채워도 시간은 늘 부족하기 때문이다. 하지만 너무 무분별한 변덕은 곤란하다. 무언가를 시작하면 3개월 이상은 하겠다는 의지를 가지고 하자. 3개월이면 무언가에 흥미를 느끼거나 적성이 있는지 알 수 있는 기간이라고 생각한다.

타임 리밋을 두는 것 또한 중요하다. 버킷리스트에 따로 적어 두지 않았지만 마음속으로 '이 나이 전까지는 꼭 실현해야지' 하고 정해 둔 것들이 있다. 예를 들어 '히말라야 등반' 같은 건 40세 전에 이루고 싶다. 당장 회사를 그만두고 모든 걸 뒤로하고 갈 순 없으니, 언젠가 그 정상을 오르기 위해 지금 체력을 기르고 돈을 모아 놓는 것이다. 그리고 시간적 여유가 생길 때 도전하는 것이다. '책 출간'은 35세 이전에 이루고 싶었는데 서른 넷인 현재 이렇게 글을 쓰고 있으니 그 목표를 이루었다고 할 수 있다. 타임 리밋을 두되 너무 조급해서 지레 포기하지 않도록 실현 가능한 기한을 두자.

그리고 너무 거창한 목록만 작성하지 않아도 괜찮다. 내 버킷리스트 중에는 '장학 재단 설립하기'와 같이 인생의 궁극적인 꿈도 적혀 있지만, '해리 포터 정주행하기' 같은 사소한 것들도 적혀 있다. 하고 싶은 것들은 모두 적어 보자. 굴 축제 가기, 일출 보러 가기, 선선한 여름밤 산책하기, 한강에서 자전거 타기 같은 일상에서 쉽게 실행할 수 있는 것부터 적어 보자. 그리고 사막 횡단하기, 우주 여행하기, 시베리아 횡단 열차 타기, 이집트 피라미드 보기 등 실현하기 어렵지만 그래도 해 보고 싶은 것들도 적어 보자. 누군가 내 버킷리스트를 보고 비웃을 것이란 생각은 잠시 접어 두어도 괜찮다. 다른 사람에게 보여 주지 않아도 괜찮고, 설사 보여 준다고 해서 어느 누구도 타인의 꿈을 비웃을 자격은 없다.

버킷리스트를 작성할 때 카테고리별로 묶어 두면 본인의 관심사를 구체적으로 살펴볼 수 있다. 처음에는 무작위로 써 내려가다 리스트가 어느 정도 채워지면 그것을 주제별로 묶어 보자. 자신이 어디에 관심을 두고 있는지 알게 될 것이다. 그렇게 하나둘씩 채우다 보면 본인이 하고 싶은 것이 무엇인지 알게 되는 순간이 온다. 버킷리스트는 나 자신을 가장 잘 표현해 주는 목록이다.

My Bucket List 2023 ver.

꿈
☑   사진전 열기
☑   책 출간하기
☐   출간한 도서 100쇄 찍기
☑   스스로에게 떳떳한 직업 찾기
☐   강연하기
☐   세바시 출연하기
☑   자가 마련하기
☐   뉴스레터 구독자 만 명 만들기
☑   대학교 다니기
☑   엄마에게 명품백 선물하기
☐   빌딩 사기
☐   장학 재단 설립하기
☐   도서관 설립하기

인생
☑   소아암 환자에게 머리카락 기증하기
☑   정기 후원 3년 이상 하기
☑   가족사진 찍기
☑   운전면허 따기
☑   진심으로 누군가를 사랑해 보기

| ☑ | 타투 하기 |
| ☐ | 세바시에 입고 나갈 셋업 맞추기 |

취미

☐	피아노 배우기
☐	기타 배우기
☐	유화(그림) 배우기
☐	수영 배우기
☐	제 2외국어 유창한 수준으로 배우기
☐	요가 전문가 수준으로 배우기
☐	해리 포터 책 다시 정주행하기

달리기

☑	10km 마라톤 완주하기
☐	5km 30분 내에 완주하기
☐	10km 1시간 내에 완주하기
☐	하프 마라톤 완주하기
☐	풀 마라톤 완주하기

도전

☐	번지 점프 하기
☐	스카이다이빙 하기
☐	스쿠버 다이빙 하기
☐	패러글라이딩 하기

☐	스스로 운전해 한 나라 여행하기
☑	외국에서 일해 보기
☑	외국에서 공부해 보기
☑	숏컷 하기
☐	삭발 하기
여행	
☑	5개국 이상 여행하기
☑	10개국 이상 여행하기
☐	20개국 이상 여행하기
☐	30개국 이상 여행하기
☑	겨울 바다 보러 가기
☑	남산에서 야경 보기
☑	혼자 제주도 여행하기
☑	호주 가서 캥거루 보기
☑	홍콩 가서 딤섬 먹기
☑	일본 가서 초밥 먹기
☑	남미 가서 데낄라 마시기
☑	로마에서 파스타 먹기
☑	파리에서 에펠탑 보며 와인 마시기
☑	따뜻한 해변에 누워 크리스마스 보내기
☑	가족들과 해외여행 가기

☐	스페인 순례자의 길 걷기
☐	히말라야 등반하기
☐	한라산 등반하기
☐	제주도 오토바이 여행하기
☐	은퇴 후 크루즈 여행하기

버킷리스트는 아직도 수정되고 추가된다. 이 글을 쓰면서도 갑작스레 은퇴 후에 크루즈 여행이 하고 싶다는 생각이 들어 마지막 줄에 적어 넣었다. 무엇이든 적어 넣자. 그리고 하나씩 이뤄 보자.

분기별 · 월별 계획 세우기

〈세상을 바꾸는 시간, 15초〉(일명 세바시)에서 아주대학교 심리학과 김경일 교수의 강연을 본 적이 있다. 그는 강연에서 목표와 계획을 혼동하지 말라고 했다. 어떤 목표를 세웠을 때 누군가가 그걸 달성했느냐고 묻는다면, 목표에 대한 계획이 없는 사람은 "아니, 못 했어."라고 대답하며 목표 달성에 실패했다고 말한다고 한다. 하지만 목표에 대한 계획을 한 사람은 "나 한 65% 달성했어!"라고 대답하며 계획이 진행 중이라고 말한다고 한다. 계획을 모두 이룬다면 목표를 달성

한다는 것이다. 따라서 무슨 일을 할 때 목표를 세워 두고 계획을 10개 정도로 세분화해야 한다고 강조한다. 그리고 그 계획 중 5, 6단계가 잘 실행되지 않는다면 그 계획을 다시 세분화해야 한다고 말한다. 지속 가능한 계획을 세우고 차근차근 해 나가야 한다는 것이다.

나 또한 신년에 계획을 세우면 그것을 분기별로 그리고 월별로 다시 나눈다. 예를 들어 이런 식이다. 만약 새해 목표가 책 30권 읽기라면, 분기별로 적어도 7.5권은 읽어야 한다는 결론이 나온다. 한 달로 치면 약 2.5권이다. 생각보다 많지 않은 숫자이다. 1년 동안 30권이라고 하면 숫자가 거대해 보이지만, 이 목표를 분기별로 그리고 월별로 쪼개서 세분화하면 숫자가 작아지기 때문에 계획에 대한 부담감 또한 적어진다.

나는 여기서 한 번 더 들어간다. 2.5권을 한 달 동안 읽기 위해선 어떻게 해야 할까? 한 권의 분량을 300페이지라고 치자. 2.5권이면 750페이지이다. 750페이지를 30일 기준으로 나누면 하루에 25페이지만 읽으면 된다. 실제로는 하루에 30페이지씩 읽고 있는데, 정해진 분량을 모두 읽어야 한다는 계획이 있기 때문에 30페이지를 읽는 동안은 다른 일을 하지 않고 독서에만 집중하게 된다. 그러니 하루 독서 30분 같이 모호한 계획을 세우는 대신에 **(그 30분 동안 스마트폰**

을 꺼내지 않고 책에 온전히 집중할 자신만 있다면야 상관없다) 구체적인 계획을 세워 보자. 오늘 하루 읽은 25페이지가, 이번 달에 읽어야 할 750페이지 중 3%를 차지하게 되는 것이다. 매일 3%씩 쌓다 보면 금세 100%를 채울 수 있을 것이다.

목표와 계획을 실천하는 방법

목표와 계획을 실천할 수 없는 이유는 본인이 세운 목표가 모호하기 때문이다. 스스로 정했는데도 하기 싫다? 그렇다면 우선 본인이 세운 목표가 정말로 스스로 원하는 것인지 고민해 봐야 한다. 사람들은 생각보다 자신이 원하는 일이 무엇인지 모르는 경우가 많다. 그렇기 때문에 삶의 우선순위를 먼저 고민해 보라는 것이다. 자, 자신이 해야 할 일이 무엇인지 먼저 생각해 보자. 그리고 목표를 정했다면 그 목표를 이루기 위한 계획을 세우자. 나는 이런 방법으로 목표와 계획을 관리한다.

목표	목표를 실행하기 위한 계획	기한
5km 30분 내에 완주하기	매일 런데이 하기	23.12.31

우선 이런 목표를 종이에 적는다. 목표를 종이에 적으

면 머릿속에 모호하게 형성되어 있던 목표가 구체화된다. 목표가 구체화될수록 우리는 목표를 더욱 명확하게 인지할 수 있고, 이는 목표를 달성하는 데 큰 도움이 된다. 또한 종이에 적는 행동 자체가 기억력을 상승시키기 때문에 손글씨로 목표를 적으면, 그렇지 않을 때보다 강렬한 의욕을 불러일으킨다. 그러니 목표가 생기면 종이에 직접 적어 보자.

그다음 할 일은 목표의 최종 기한을 정하는 것이다. '이제부터 열심히 영어 공부할 거야!' 하고 마음먹은 적이 한 번쯤은 있을 것이다. 그렇게 온갖 영어 학습 프로그램을 등록하고는 하루 이틀 열심히 하다가 결국 사흘째 흐지부지되었던 경험도 함께. 분명 내 마음은 이게 아닌데 영어 공부가 그다지 중요하게 느껴지지 않는다. 내일 조금 더 열심히 하면 될 것이라는 마음으로 자기 위로를 하며 결국 돈만 날리고는 기부 천사가 되어 버린다.

인간은 대부분 두 가지 동기로 행동을 한다. 바로 이익과 손해다. 학습 프로그램을 위해 지불한 비용은 이미 손해로 잡혔지만, 앞으로 영어 공부를 위해 써야 할 시간과 노력이 더 큰 기회비용으로 다가온다. 그것보단 당장 넷플릭스를 보는 게 더 재미있고, SNS를 하는 게 더 즐거우니 차라리 노는 게 이익처럼 느껴질 수도 있다. 중간고사로 영어 시험을 본다면 벼락치기라도 할 텐데 그럴 필요도 없으니 잘 됐다.

언제까지 영어를 잘해야 한다고 정하지 않았으니 시간은 아주 많다고 느껴진다.

목표를 정할 때 구체적이고 측정 가능한 날짜나 기간 등을 설정해야 하는 이유다. 학교 다닐 때를 생각해 보자. 시험 기간만 되면 집중력이 만렙이 되어 벼락치기를 해서 좋은 점수를 얻기도 한다. 비싼 돈을 들여 자격증 시험을 접수해 놓고선 어쩔 수 없이 한 문제라도 더 풀게 되는 것은 바로 데드라인이 있기 때문이다.

따라서 나는 목표를 정할 때 최종 기한도 함께 적는다. 하지만 이 최종 기한을 터무니없이 잡거나, 의미 없이 정해서도 안 된다. 동기 부여가 되지 않기 때문이다. 지금 나의 토익 점수가 500점인데 한 달 안에 900점을 넘기겠다는 목표를 잡으면 당연히 동기 부여가 되지 않는다(**물론 해내는 사람도 있겠지만 그 수가 지극히 적을 것이다**).

실현 가능한 데드라인을 정해 보자. 그건 어떻게 정하는가? 사람마다 다르기 때문에 가능한 많은 목표를 세우면서 시행착오를 겪어 봐야 한다. 내가 한 달 동안 이 정도 할 수 있을 거라고 생각하고 목표를 정해 놓고, 그게 잘 안되면 일정을 조금씩 조정하는 방향으로 가자.

분명히 말하고 싶은 건, 무리하지 말자는 것. 내가 10일 안에 할 수 있다고 생각하는 것에 대한 데드라인엔 20%

의 버퍼를 줘서 12일로 데드라인을 잡아 보자. 생각보다 우리에겐 예상하지 못했던 일들이 자주 발생하기 때문에 중간에 포기하기 않기 위해 쿠션을 넣어 주는 것이다. **(빵빵하게!)**

일단 시작하는 것의 중요성

청바지 입고 요가하기

원하는 것을 알았다면 이제 성취하기 위해 자기계발을 해야 할 때다. 하지만 그게 말처럼 쉽지 않다. 무언가를 시작할 때는 고려해야 하는 것들이 많기 때문이다. 가령 시간과 돈, 그리고 환경이다. 직장인이라면 돈은 있겠지만 퇴근후 무언가를 할 수 있는 시간이 없을 확률이 높다. 학생이나 구직 중이라면 돈이 걸릴 수도 있고, 돈과 시간이 모두 있어도 사는 지역에 내가 다니고자 하는 학원이 없는 등 여러 상황이 걸릴 수도 있다.

사람들은 모든 것을 갖추고 나서야 비로소 행동한다. 하지만 상황과 조건을 모두 고려하다 보면 아무것도 시작할 수 없다. 모든 상황이 완벽해진 후에 무언가를 한다는 것은, 아무것도 하지 않겠다는 것과도 같다. 당장 오늘 아침 달리기를 한다고 결심했을 때 비가 온다면 그 상황을 미리 대비해서 헬스장에 등록하거나, 아니면 비를 맞으면서라도 뛰어야 한다. 그래야 할 수 있다. 완벽한 상황이란 없다.

잠시 요가를 했던 적이 있다. 일과 공부를 병행하다 생긴 만성 허리 통증이 요가 수업 한두 차례로 많이 호전되어서 꽤 열심히 다녔다. 여느 때와 다름없이 일이 끝난 후 저녁 요가 수업에 갔다. 나는 꽤 뻣뻣해서 요가를 하는 내 모습이 우스꽝스러워 보일까 봐 뒤쪽에 앉고는 했다. 나와 같은 사람들이 많은지 앞자리는 항상 수업이 시작하기 전까지 비어 있었다.

수업 시작 5분 전에 한 여성이 내 앞에 깔린 매트에 앉았다. 그것도 청바지를 입고서. 회사가 끝난 후 바로 온 것 같았다. 수업 시간은 저녁 시간이었고, 편한 요가복 없이는 하기 힘든 운동임에도 불구하고 청바지를 입고 있었기 때문이다. 그는 한 시간 동안 열심히 동작을 따라 했다. 심지어 요가복을 갖춰 입은 나보다 더 즐겁게 몸을 움직이고 있었다. 불편한 옷을 입었지만 전혀 불편해 보이지 않았다. 꽤나 만족스러운 시간을 보내는 듯했고, 나는 많은 생각이 들었다.

청바지를 입고 요가를 했던 그와 같이 정말로 원하는 게 있다면 청바지를 입든 슬랙스를 입든 아무 상관없을 것이다. 목적은 '요가'이고 부수적인 것들은 중요하지 않기 때문이다.

목표를 정하고 시작하는 단계에서 어떠한 이유로 그것을 할 수 없다면 정말로 그것을 원하는지 생각해 봐야 한다. 말로만 하고 싶다고 생각하는 것인지, 혹은 정말로 내가 해야 한다고 생각하는 것인지 구분해야 한다. 몇 번의 고민 끝에 정말로 내가 하고 싶은 일이라는 생각이 든다면 그 외의 다른 조건이나 상황에 대해선 걱정하지 말자. 우선 시작하고 보자.

자신이 생각하는 한계 안에 나를 가두지 말자. 결국 내가 할 수 있다고 믿을 때 비로소 실행할 수 있다. 우리가 만든 한계에 갇혀 도전하지 않고 포기한 일들이 얼마나 많았는지 떠올려 보자. 예를 들어 1년 전 시간이 없어서 혹은 근처에 학원이 없어서 미뤄만 두었던 영어 공부를 포기하는 대신 자투리 시간을 만들어 단어를 하나라도 더 외우고, 학원 대신 인터넷 강의를 보며 공부했다면 지금쯤 내가 원하는 만큼의 실력을 갖출 수 있지 않았을까? 그러니 우선 된다고 생각하자. 목표를 먼저 설정하고 그를 이루기 위해 수단과 방법을 찾자.

청바지를 입고 요가를 하는 사람도 있다. 우리도 잘 생각해 보자. 정말 하고 싶은 일이 있는데 청바지를 입었다고 그것을 주저하고 있는 건 아닌지. 사실 청바지를 입어도 할 만한데 핑계만 대고 있는 건 아닌지. 결국 무언가를 바꾸는 첫 단계는 내가 그렇게 되도록 선택하는 것에서부터 시작된다. 그러니 우리, 청바지를 입었더라도 요가 수업에 나가 보자.

시작은 항상 사소하게

누구에게나 무기력한 날은 있다. 그럴 때면 마냥 누워만 있고 싶다. 하루 이틀 정도는 괜찮지만 지속되는 게 문제다. 그럴 때면 조금이라도 움직이려고 노력한다. 어려운 것 말고 아주 쉬운 것부터 시작하는 것이 중요하다. 무기력함을 느껴 아무것도 하지 못하겠다면 우선 침대에서 일어나 커튼을 치고 창문을 열자. 이불을 한 번 털어 보면 깔끔하게 정리된 이부자리에 기분이 좋아진다. 물 한 컵 마시며 잠에서 깨고, 샤워를 하고 머리를 말리고 옷을 갈아 입는다. 그리고 지갑을 챙겨서 밖으로 나간다.

집에서 가까운 카페에 들러 좋아하는 음료를 한 잔 사 들고 근처의 공원으로 간다. 공원에 앉아 마냥 사람들을 구경하는 것이다. 지나가는 사람들, 앉아 있는 사람들을 보자. 저 사람은 청바지를 입었네, 저 사람은 어딜 그렇게 바쁘게 가는 걸까? 보이는 대로 생각한다. 순간 이게 뭐하는 짓이지 싶을 때도 있지만 핸드폰을 한 시간 이상 보게 될 때, 특히 주말에 한 번씩 하면 기분 전환이 된다. 그러다 나가는 게 익숙해지면 더 멀리 가도 좋다.

갈 곳이 없다면 서점을 추천한다. 큰 서점일수록 좋다. 사람들이 얼마나 부지런한지 책도 참 많다. 대체 다들 뭘 하고 살았기에 이 많은 책들을 썼을까? 괜히 한 권씩 꺼내 구경해 본다. 베스트셀러도 훑어본다. 아, 사람들은 요즘 이런 책을 읽는구나. 괜히 한 번 책을 들었다 내려놓는다. 그렇게 서점을 구경하다가 마음에 드는 책이 있으면 한 권 구매한다. 책과 함께 형광펜도 한 자루 산다.

책과 형광펜을 들고 카페로 향한다. 그곳에 앉아 책을 읽으며 마음에 드는 구절이 생길 때마다 형광펜으로 밑줄을 팍팍 긋는다. '윽, 새 책인데 마음이 아파' 이런 생각은 하지 않는다. 책은 읽힘으로써 그 역할을 다했다. 보이는 대로 줄을 긋는다. 마치 문장을 수집하는 느낌이다. 그렇게 과감하게 책을 읽으며 잘 읽히지 않는 문장이 있다면 그냥 넘겨 버린다.

그렇게 책 한 권을 다 읽으면 처음으로 돌아가서 줄 그은 부분만 다시 읽어 보자. 마음에 드는 구절이 있다면 노트에 옮겨 적고 여러 번 읽는다. 여기까지 한 번 해 보고 괜찮았다면 이번엔 다른 책을 사러 가는 것이다. 다른 곳으로 산책을 하러 가고, 다른 카페도 가는 것이다.

그 한순간이 중요하다. 잠시 핸드폰을 내려놓고 커튼을 걷으러 가기. 이불 한 번 털러 가기. 물 한 컵 마시러 가기. 그리고 씻고 밖으로 나가기. 처음부터 큰 산을 넘을 생각은 하지 않아도 괜찮다. 걸음마부터 시작해도 괜찮다. 우리가 무언가를 시작하며 주저하는 이유는 원대한 시작을 해야 한다고 생각하기 때문이다. 하지만 그렇지 않아도 괜찮다. 시작은 항상 사소하니까.

내 친구 진은 매년 일기장을 서너 권씩 쓰는 사람이다. 군대를 전역한 이후 꾸준히 쓰기 시작했다는 일기장이 벌써 스물 다섯 권이 되었다고 한다. 이렇게 지속적으로 일기를 쓰는 방법은 바로 '써야 한다는 강박을 버리는 것'이라고 한다. 그는 처음에 하루에 한 줄을 쓰는 것조차 어려웠다고 한다. 심지어 한 줄을 적고 그 다음 날 이어 적는 것도 아니었다고 한다. 하루에 한 줄을 쓰면 3일 뒤에 한 줄을 적는 식이었다. 그렇게 사흘에 한 번 쓰던 것이 이틀에 한 번이 되고, 하루에 한 줄 쓰던 것이 반 페이지가 되는 식으로 점점 분량이 늘어났다고 한다.

완벽하게 해내야 한다는 생각은 잠시 치워 두자. 거대한 목표도 세분화하자. 이렇게 하지 않으면 '과연 내가 이걸 해낼 수 있을까?'라는 부담감에 성공보다는 실패에 대한 두려움을 먼저 가지기 때문이다. 그런 생각들은 한편으로 치워 버리자. 내가 무언가를 수행하는 데 있어 아무 도움도 되지 않는다. 무언가를 하기로 마음을 먹었다면 아주 작게 시작해야 한다. 하루에 딱 한 줄이라도 일기를 쓰는 것과 같이.

에 체력이 약한 사람도 포기하지만 않는다면 오랫동안 달릴 수 있다. 만약 힘들다면 단계를 반복해도 된다. 오늘 5분 동안 뛰는 게 너무 힘들었다면 다음 단계로 넘어가지 않고 내일 다시 5분을 뛰는 것이다. 반복해서 뛰다 보면 체력도 늘어나고 달리는 것에 익숙해지기 때문에 나중에는 5분 달리는 것이 그리 힘들게 느껴지지 않는다. 이렇게 목표(일정 시간)를 두고 달리기에 성공하면 해냈다는 성취감과 포기하지 않도록 만드는 원동력을 얻을 수 있다.

런데이의 또 다른 장점은 하루하루 달릴 때마다 찍히는 스탬프다. 이 스탬프는 월별 달력을 통해서도 확인할 수 있는데 한 달 동안 달리기한 일수를 모아 보면 마치 어린 시절 포도알 스티커를 받는 듯한 성취감이 생긴다. 스탬프를 더 받기 위해서 또 달리고 싶어진다.

이렇게 달리기를 반복하며 성취감을 얻어 다음 단계로 갈 수 있게 도와주는 것은 바로 도파민이다. 도파민이란 신경 물질은 중추 신경계에 존재하는데, 목표를 달성했을 때 의욕과 성취감을 느끼게 해 준다. 물론 게임이나 유튜브 같은 것으로도 도파민을 채울 수 있고, 또 중독이 되기도 한다. 하지만 적절한 성취감을 통한 도파민 분비는 계획을 세우고 실행함에 있어서 큰 도움을 준다. 이 도파민을 어떻게 활용하느냐에 따라 '목표 달성'에 큰 효과를 얻을 수 있다. 가

바사와 시온은 그의 저서 《당신의 뇌는 최적화를 원한다》에서 도파민이 분비되는 목표 달성 7단계를 아래와 같이 설명하고 있다.

1. 명확한 목표를 세운다.

2. 목표를 이룬 자신을 구체적으로 상상한다.

3. 목표를 자주 확인한다.

4. 즐겁게 실행한다.

5. 목표를 달성하면 자신에게 상을 준다.

6. 즉시 더 높은 목표를 새롭게 세운다.

7. 1~6단계를 반복한다.

런데이는 도파민을 분비하는 데 최적화된 애플리케이션이다. '30분 동안 쉬지 않고 달리기'라는 명확한 목표를 세워 주고, 달리기 기록을 시각화해 준다. 달릴 때마다 스탬프를 줘서 목표 달성 여부를 확인시켜 주고 정신적 보상을 준다. 그리고 달리기 훈련이 단계별로 구성되어 있어 목표 달성 후 더 높은 목표가 자동으로 생긴다.

그렇게 8주 차 달리기 훈련을 마무리하고 대망의 대회 날이 다가왔다. 틈틈이 연습한 덕에 30분간 쉬지 않고 달릴 수 있었는데, 내가 신청했던 10km 코스는 적어도 한 시간이 걸릴 터였다. 완주할 수 있을까 스스로를 의심하며 출발선에 섰다.

처음 30분은 연습한 대로 페이스에 맞춰서 달렸다. 8주 차 코스가 끝난 뒤에도 여러 차례 30분 달리기를 했으니 많이 익숙해진 것이다. 그러나 문제는 40분 후반부터였다. 거리가 얼마 남지 않았음에도 불구하고 포기하고 싶다는 생각이 슬금슬금 올라왔다. 단단히 뭉친 허벅지 근육에 통증이 느껴졌고, 종아리가 당기는 듯했다. 걷고 싶다는 생각을 수십 번 하다가 '아니야, 40분도 쉬지 않고 달렸는데 남은 20분 정도 못 뛰겠어? 두 달 넘게 달리는 연습도 했잖아. 천천히 뛰더라도 달리는 걸 멈추지 말자'라고 스스로를 다독였다. 페이스를 낮췄기 때문에 빨리 걷기를 하는 사람보다도 더 느리게 달리고 있었지만, 결코 결승선까지 달리기를 멈추지 않았다.

만약 내가 처음부터 10km 달리기에 도전했다면 완주하지 못했을 것이다. 어릴 때의 나처럼 중도에 포기하고 걸어서 들어왔으리라. 하지만 달리기 시간을 늘리며 훈련을 해온 덕에 할 수 있다는 믿음을 가지고 끝까지 포기하지 않을 수 있었다. 30분을 달렸다면 1시간 또한 달릴 수 있을 것이란 생각을 했다. 목표를 정하고 달성하는 것에 익숙해졌기 때문에 이번에도 그 목표를 이룰 수 있을 것이란 믿음이 있었다.

이처럼 작은 성공은 중요하다. 처음부터 원대한 목표를 가지고 무리한 계획을 세운다면 결국 할 수 없다는 생각에 중도 포기하게 된다. 그러나 작은 성공을 반복하며 스스로에게 신뢰를 가진다면 어려운 목표가 생기더라도 할 수 있다는 믿음이 생긴다. 이제껏 해 온 일이라면 앞으로도 할 수 있다는 것을 알게 되기 때문이다. 그러니 우리 작은 성공을 하자.

요즘도 매일 러닝을 한다. 아직도 런데이를 활용하고 있다. 뛸 때는 힘들어도 운동이 끝나면 만족스럽다. 채워지는 스탬프를 보며 성취감도 얻고, 그날의 기록을 SNS에 남기기도 한다. 목표를 이룬 것에 보람을 느끼고 성취감을 느끼다 보면 더 힘든 일도 잘 해낼 수 있을 거란 자신감이 생긴다. 이 자신감은 달리기뿐만 아니라 다른 일상에도 적용된다. 아무리 달성하기 힘든 목표처럼 보여도 차근차근 해 나간다면 이룰 수 있을 거란 믿음이 생겼다. 그렇기에 나는 내일 또 달리러 나간다.

꼭 달리기가 아니어도 좋다. 아침에 일어나서 이불 개기, 물 한 컵 마시기, 식후 10분 걷기, 하루 10페이지 독서하기 등 자신이 원하는 아주 작은 일부터 시작해 보자. 중요한 건 목표를 세우고 그것을 이루기 위한 작은 성공을 반복하는 것. 중간에 포기하지 않고 끝까지 해낼 수 있는 신뢰를 쌓아 가자. 그럼 나는 어떠한 목표를 이루고 싶은지, 그리고 그 목표를 위해 어떤 작은 성공을 할 것인지 고민해 보자.

계획을 습관으로 만드는 5S 법칙

습관화에 도요타 5S 적용하기

도요타는 효율적인 생산을 위해 Lean 생산 방식을 도입했다. 각 공정에서 낭비를 없애 비효율을 제거하는 방식으로, 공정과 제품을 지속적으로 개선하여 완벽을 추구하는 것이 목표다. 이러한 Lean 생산 방식을 위해 도입된 방법론이 바로 JIT(Just In Time)인데, 매일 필요한 것을 필요한 때에 필요한 만큼만 만드는 것이다.

JIT는 도요타 자동차의 창업주인 도요타 키이치로가 자동차 사업을 배우기 위해 미국으로 갔을 때 얻은 아이디어에서 착안해 만들어졌다고 한다. 그는 포드 자동차 공장을 견학한 후 방문한 한 슈퍼마켓에서 고객이 상품을 구매해 가면 직원이 바로 재고를 채우는 모습을 보고 JIT에 대한 힌트를 얻었다고 한다. JIT의 핵심은 협력 업체에게 납품 받는 제품의 재고를 제로(Zero)에 가깝게 유지하여 재고 관리에 대한 낭비를 막는 것이다. 그리고 이 JIT를 실행하기 위해 선행되어야 할 것으로 5S 방법론이 고안되었다.

　　도요타는 주변이 깔끔하게 정리 정돈되어 있는 사람일수록 업무도 효율적으로 처리한다고 생각했다. 따라서 '버리고 정리 정돈하는 습관'을 5S로 구축한 것이다. 5S는 일본어로 Seiri(정리), Seiton(정돈), Seiso(청소), Seiketsu(청결), Sitsuke(습관화)라는 단어의 첫 문자를 영어로 딴 것이다. 업무를 효율적으로 하기 위해 불필요한 것을 정리하고, 필요한 것을 사용하기 쉽게 정돈하고, 일을 수행하기 위해 주변을 청소하고, 정리와 정돈, 청소된 것을 유지하기 위해 청결을 지킨다. 그리고 마지막으로 이것을 습관화해야 한다는 것이다.

　　계획을 습관화하기 위한 '환경 설정'을 위하여 도요타의 5S를 적용해 보았다. 우리는 계획을 실행함에 있어서 환경으로부터 여러 방해를 받는다. 그것은 시간적인 환경일 수도 있고, 물리적인 환경일 수도 있다. 어떠한 장애물이든 사전에 제거하거나 방지해 놓는다면 계획을 꾸준히 실행하는 것이 조금 더 쉬울 것이다. 그렇기 때문에 비생산적인 시간과 비효율적인 방법을 제거하는 이 방식이 잘 적용될 것이라 생각했다. 공부를 할 때도 그렇고, 집 안 청소를 할 때도 해당된다. 업무에도 활용할 수 있고, 습관을 만들 때도 적용이 가능하다. 본인이 필요한 상황에 맞추어 응용해 보자.

첫 번째, 불필요한 일 정리하기

언제 어디서든 자기계발을 할 수 있는 시대가 왔다. 예전 같았으면 학원에 옹기종기 모여 각자의 모니터를 보며 배워야 했을 컴퓨터 프로그램들도, 지금은 집에서 인터넷 강의나 유튜브로 쉽게 접할 수 있다. 이동 중에 스마트폰을 이용하여 오디오북을 듣거나 E-BOOK을 읽을 수 있으며, 원격으로 PT나 요가 수업을 받기도 한다. 자기계발의 접근성이 높아짐에 따라 선택권도 확대되었다.

선택권이 확대될수록 고민도 많아진다. 영어 공부도 해야 할 것 같고, 운동과 경제 공부도 해야 할 것 같다. 거기에 뉴스까지 챙기자니 하루가 모자랄 지경이다. 우리가 헤르미온느라면 시간을 돌려 하고 싶은 것들을 모두 다 해낼 텐데 현실은 퇴근 후 자투리 시간을 겨우 활용하는 머글일 뿐이다.

그렇다면 불필요한 것을 버려야 한다. 자기계발을 하는 목적과 목표를 깊게 고민해 보고, 지금 내가 정말로 해야 하는 것을 생각해 보자. 그리고 당장 필요하지 않은 것은 과감히 버리자. 버리는 것만 제대로 해도 반은 성공한다.

계획을 세울 때 중요한 건 '해야 할 일(TO DO LIST)'보다 '하지 않아도 되는 일(NOT TO DO LIST)'을 정하는 것이다. 다이어트할 때 먹어야 하는 식단 보다 먹지 말아야 하는 식단(술, 밀가루)을 정하고 이를 지키는 것과 동일한 원리다. 계획을 꼭 달성하고 싶다면 먼저 불필요한 일들을 제거해야 한다. 불필요한 일들을 제거해야 하는 이유는 시간을 확보하기 위함이다. 나는 이걸 시간 정리라 부른다. 우리는 불필요한 것들에 너무 많은 시간을 쏟는다. 가령 각종 SNS, 유튜브, 넷플릭스 등이다. 그 시간만 제대로 확보해도 계획 실현을 위한 시간이 충분하다.

물론 사람이 허구한 날 계획 실현을 위해 노력할 수는 없다. 다만 시간을 정하고 해야 할 일을 끝내기 전까진 하지 말아야 할 일은 자제할 것. 그것이 목표 실현의 첫 번째 단계이다. 말처럼 쉽진 않지만 아침이든 저녁이든 정해진 시간만큼은 딱 해야 할 일에 사용해 보자.

두 번째, 우선순위 세우며 정돈하기

해야 하는 일에 우선순위를 세우고, 세 가지 정도로 정해 보자. 내 경우로 예를 들면 직무 공부, 운동, 영어 공부가 있다. 이 세 가지를 수행하기 쉽도록 정돈을 해야 한다. 정돈은 정리한 것을 사용하기 쉽게 배치하는 것을 말하는데, 자기계발에서는 정돈을 계획이라고 본다. 정리한 것을 지속적으로 하게 만들기 때문이다.

영어 공부의 궁극적인 목표는 '영어 유창하게 하기'일 것이다. 그러나 하루아침에 영어를 유창하게 하기란 쉽지 않다.

우리도 한국말을 배우기 위해 유아기 때 얼마나 많은 시간을 들이고 반복해서 익혔는가? 하루 이틀 공부하다 그만둘 생각이 아니라면 계획을 세워 목표를 달성할 수 있도록 해야 한다. 나는 목표에 대한 계획을 중간 계획과 작은 계획으로 나눴다.

1. 목표

'영어 유창하게 하기'는 너무 두리뭉실한 목표이기에 조금 더 구체적으로 정하면 좋다. 다른 나라에서 자유롭게 식사 주문하기, 길에서 만난 외국인과 이야기 나누기, 자막 없이 외화 보기 등을 예로 들 수 있다.

2. 중간 계획

구체적으로 정한 큰 목표를 정량적으로 수치화한다. 점수로 정량화할 수 있으면 좋다. 예를 들어 토익 900점 이상, 오픽 AL 레벨, 토익스피킹 7급 등이다.

3. 작은 계획

중간 목표를 이루기 위한 세부적인 목표다. 기간이 포함되면 가장 좋다. 예를 들어 하루에 전화 영어 20분, 일주일에 토익 모의고사 3회분 풀기, 주 3회 CNN 뉴스 필사 3장 등이다.

그리고 이 작은 계획을 실행하기 위해서는, 더 세부적인 계획을 실행하고 완수하는 습관이 필요한데 나는 이것을 '작은 성공의 반복'이라고 부른다.

세 번째, 시간을 마련하는 청소하기

정돈까지 마쳤다면 그다음은 청소를 할 차례다. 도요타의 5S에서 청소는 업무를 수행하기 적합하도록 주변을 항상 청결하게 치우는 것을 가리킨다. 청소를 통해 자연스럽게 물류 설비나 장비의 결함을 발견하고 즉시 조치하여 사고를 미연에 방지한다. 자기계발의 5S에서 청소는 공간보다 시간을 다루는 것에 가깝다. 내가 해야 할 일을 정하고(정리), 정리한 것에 대한 계획을 세우면(정돈), 청소를 통해 그 계획을 수행하기 위한 시간을 마련하는 것이다.

대부분의 사람들이 시간을 허투루 쓴다. 특히 여가 시간에 무엇을 해야 할지 몰라서 핸드폰만 만지작거린다. 다음 카페의 메인에 들어가서 인기 글을 보거나, 보고 싶은 것도 없으면서 넷플릭스를 틀어 리스트를 훑거나, 킬링 타임용으로 아무런 의미도 없는 유튜브를 틀어 놓기도 한다. 대부분의 시간을 비생산적인 방법으로 보내는 것이다.

먼저 어떤 시간을 허투루 보내고 있는지 파악하는 것

이 우선이다. 만약 출퇴근길 지하철에서 의미 없이 스크롤만 내리며 인터넷 서핑을 하고 있다면 그 시간을 활용해 보자. 출퇴근 시간엔 책만 읽는다는 나만의 규칙을 세워 지키는 것이다.

나는 아침 출근길에 자기계발서나 인문학 책을 읽는다. 그리고 한 시간 일찍 출근해서 업무와 관련된 책을 읽는다. 점심시간엔 CNN 뉴스를 필사하고, 퇴근 후에는 저녁 식사를 하고 운동을 한다. 이렇게 허투루 보내는 시간을 청소하고, 그 시간 내에 해야 할 규칙을 세워 실행하다 보면 자연스레 낭비되는 시간이 사라지기 마련이다. 해야 할 일이 있기 때문에 다른 일을 하지 않게 되기 때문이다. 당장 내 시간을 먼저 돌아보자. 그리고 쓸모없는 것들로 채운 시간을 청소해 보자. 생각보다 우리에겐 시간이 많다.

네 번째, 계획 유지를 돕는 청결

청결은 정리, 정돈, 청소의 3S를 유지하는 것을 말한다. 계획을 실행함에 있어서 문제가 발생했을 때 이를 즉시 발견하고 상태를 유지해야 한다. 청결은 청소와도 연관이 깊은데, 청소 이후의 상태를 오랫동안 보존하는 것이기 때문이다. 계획을 세우고 그것을 실행할 때 문제가 생긴다면 이것을 청소한 상태로 유지할 수 있어야 한다. 예를 들어 자기계발을 할 시간에 예기치 않은 일이 생겼다면 일정을 조율하는 식이다.

시간에 이름을 붙이면 상태를 유지하는 데 많은 도움이 된다. 계획을 제대로 실행할 수 없는 이유 중 하나가 바로 시간 부족 때문이다. 시간이 없는 상황을 대비해 앞으로 사용할 시간에 이름을 붙여 그 시간만큼은 딱 계획한 대로 사용하는 것이다. 예를 들어 아침에 출근하며 버스에 앉아 있는 시간은 '책 읽는 시간', 점심시간은 '회사 근처 헬스장에서 달리기하는 시간', 강아지와 산책하는 시간은 '경제 팟캐스트 듣는 시간'처럼 이름을 붙이는 것이다.

계획을 유지하기 위해서 매일 루틴처럼 하는 일들에 '~할 때 ~한다.'라는 단순한 법칙을 적용해 보자. 그리고 하기 싫다는 생각이 들기 전에 자동적으로 행동하자. 시간이 확보되었다면 하기 싫은 그 마음 하나만 이겨 내면 된다. 하기 싫은 감정은 행동하는 순간 사라지고 결과만 남을 것이다. 시간을 확보하고 딱 그 순간만 이겨 내 보자.

다섯 번째, 100일 실천으로 이루는 습관화

습관화는 가장 어려운 활동이다. 하지만 계획을 세

우고 목표를 이루기 위해선 반드시 습관화 과정이 필요하다. 처음 계획을 세울 땐 누구나 의지에 불타서 무엇이든지 할 수 있을 것 같은 자신감이 생긴다. 하지만 시간이 지날수록 의지가 약해지며 흐지부지하게 끝난다. 이러한 현상의 원인은 습관화가 되어 있지 않기 때문이다.

따라서 정해진 루틴에 따라 습관화를 해야 하는데, 이럴 때 나는 '100일만 해 보자'를 실천한다. 노션이나 엑셀 혹은 애플리케이션 등으로 100일 동안 습관을 들이고 싶은 일을 기록하고 체크하는 것이다. 이렇게 실행 여부를 시각화하면, 아직 해치우지 못한 것을 확인할 수 있고 하기 싫은 날에도 눈 찔끔 감고 실행할 수 있게 된다. 만약 100일이 어렵다면 '일주일만 해 보자'는 마음도 괜찮다. 일주일을 성공하고 나서 다시 '한 달만 해 보자' 하면서 기간을 서서히 늘리는 것이다.

중요한 건 하루를 못 했다고 그만두지 않는 것이다. 적어도 목표로 한 기간의 70% 이상을 채우자고 마음먹자. 목표량의 2/3가량이다. 일주일에 5일이라도 실행했다면 그건 성공이다. 그 후 한 달로 기간을 늘리고 나머지 일자를 모두 실행한다면 성공률은 93%에 달한다. 하루를 못 했다면 기간을 하루 더 늘리면 된다. 다시 한번 강조하지만 가장 중요한 건 그만두지 않는 것이고, 습관화를 하는 것이다.

'100일만 해 보자'를 통해 맨 처음 만든 습관이 바로 '블로그에 1일 1글쓰기'였다. 어떤 주제든 가리지 않았다. 하루에 글 한 편씩 발행하는 게 목표였다. 주말에 다녀온 맛집 후기를 남기기도 했고, 물건을 사면 리뷰를 올리기도 했다. 정보성 글이나 일기를 올리기도 했고, 너무 바쁜 날에는 사진과 함께 한 줄 겨우 적기도 했다. 하루하루 쓴 글이 차곡차곡 쌓이면서 방문자 수가 급증했고, 한 달 차가 되던 날 블로그 일평균 방문자는 2,500명을 기록했다. 애드포스트 수익도 발생했고, 체험단은 신청하는 족족 당첨됐다. 내가 한 것이라고는 매일 30분 가량의 시간을 들인 것 밖에 없었는데 말이다.

이러한 작은 습관 하나로 큰 보상을 받으니 계획을 실행하는 데 더더욱 흥미가 생겼다. 바로바로 주어지는 보상 덕분에 나는 지속해서 글을 쓸 수 있었고, 100일 동안 단 하루도 빼먹지 않았다. 이때 처음 느꼈다. 목표를 세우고 그것을 이루는 것이 얼마나 짜릿한 경험인지를. 그리고 그것을 이루는 것에 대한 만족도와 함께 오는 자기 신뢰감 또한 얼마나 벅찬지를. 남들이 보면 대단한 경험도 아닌데 왜 이렇게 유난일까 싶겠지만, 나는 나 자신과의 약속을 지켰다는 데에서 오는 자기 만족감이 가장 컸다.

100일만 해보자 초기 구성

100일만 해 보자 최종 구성

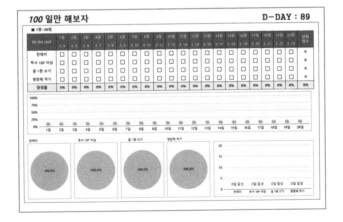

'100일만 해 보자'를 체크했던 방식은 매우 단순하다. 처음에는 노션으로 체크 박스를 만들어 점검했다. '100일만 해 보자'를 수행할 때 가장 중요한 것은 하루에 하고자 하는 일들 중 정말 중요한 것 두세 가지만 하는 것이다. 괜히 습관화를 해 보자고 하면 욕심을 내고 매일 할 일을 10개 정도 만드는 사람들이 있다. 하지만 10가지를 적고서 꾸준히 해내는 사람을 보지 못했다. 의지가 없는 게 아니라 할 일을 너무 많이 만드는 게 문제다. 우선순위를 정하고 집중해야 한다. 중요한 것을 위해 중요하지 않은 건 과감히 포기하는 자세도 필요하다. 매일 할 수 있는 일을 단 하나라도 정해서 그것 하나만은 꾸준히 한다고 생각해 보자. 무슨 일이 있어도 이것 만큼은 꼭 지키겠다는 마음으로 하는 것이다. 그렇게 하다 보면 하기 싫다는 생각은 자연스레 사라질 것이며, 마치 관성처럼 움직이게 될 것이다.

깨지지 않는 그릇이 되기 위해

번아웃에서 벗어나기

주변을 둘러보면 매일 같이 야근을 하는 동료들이 보인다. 마감 기한 때는 더욱 심하다. 우리 회사만 그럴까? 퇴근후 저녁을 먹고 집으로 돌아갈 때, 아직까지 불 켜진 빌딩들을 보면서 저도 모르게 심심한 위로를 보낸 적이 몇 번 있다.

이러한 사회 현상은 통계로도 잘 나타난다. 2021년 5월이전 OECD 가입 국가 37개 기준 연평균 근무 시간은 1,720시간이다. 한국은? 1,920시간으로 OECD 가입 국가 평균보다약 200시간을 더 근무하고 있다. 주 40시간 업무 도입으로 이전보다 근무 시간이 많이 줄었다고 해도 여전히 OECD 국가들 중에서는 높은 순위(4위)다. 장시간 근무는 번아웃 증후군(Occupational burn-out)과 관련이 있다. 번아웃은 '에너지를 소진하다'라는 뜻으로, 일을 과도하게 하여 극심한 정신적, 신체적 피로를 느끼면서 열정과 성취감을 잃는 증상을 말한다.

번아웃 증후군은 1974년 미국 정신분석가 허버트 프로이덴버거(Herbert J. Freudenberger)가 정신 건강 센터에서 과도한 직장 스트레스로 정신적인 문제를 겪고 있는 직원들의 감정을 설명하기 위해 처음 만든 용어다. 허버트는 번아웃 증후군을 겪으면 지속적인 스트레스로 인하여 몸과 마음이 쇠약해지며 의욕을 잃고, 질병에 대한 저항력이 떨어진다고 주장했다. 또한 황폐해진 감정으로 오는 대인 관계 문제와 직무 능률 저하로 인한 공허감 때문에 삶의 의미가 사라지고 전형적인 우울증 증상을 보이며 자살 충동에 시달릴 수 있다고 했다. 혹시 나도 번아웃을 겪고 있을까? 아래 6가지 항목 중 2가지 이상의 항목에 체크한다면 번아웃 증후군을 의심해 봐야 한다.

☐ 기억력이 감소하고 깜빡하는 경우가 잦아졌다.

☐ 사소한 일에 짜증이 나고 화를 잘 참지 못한다.

☐ 일에 의욕이 없으며 아무 일도 하지 않고 몇 시간을 흘려보낸다.

☐ 모든 일을 제쳐 놓고 자꾸 훌쩍 떠나고 싶다.

☐ 이전에 흥미를 느꼈던 일들이 더 이상 흥미롭지 않고 삶이 행복하지 않다.

☐ 이전보다 감기와 같은 잔병치레가 많아졌다.

생각보다 번아웃을 겪는 사람들이 많다. 어느 날 출근을 했더니 회사 후배가 갑자기 말을 걸었다. "선배, 저 번아웃 온 것 같아요. 아침에 지하철에서 누군가가 저를 툭 쳤는데, 평소 같으면 그러려니 할 텐데 갑자기 막 욕이 나오더라고요." 평소에 온순하고 배려 깊은 후배였기에 사소한 일로 화가 났다는 말에 깜짝 놀랐던 기억이 난다.

인크루트의 2021년도 조사에 따르면 '최근 1년간 번아웃 증후군을 겪었는가'라는 질문에 '그렇다'라고 응답한 직장인은 전체의 64.1%로 직장인 3명 중 2명이 번아웃을 경험한 것으로 나타났다. 그렇다면 번아웃 증후군은 왜 나타날까? 위 응답자들의 답변으로는 '직무, 진로에 대한 회의감'이 17.3%로 가장 많았으며, 그 외에도 '일과 삶의 불균형, 워라밸 부족(12.5%)', '과도한 업무량, 실적 압박(10.9%)'등 다양한 이유가 있었다.

과도한 업무나 업무에 대한 강박 관념이 있을 때, 일에 대한 충분한 보상이나 미래에 대한 희망이 없다고 느끼는 경우 번아웃 증후군을 겪는 것이다. 번아웃으로 인해 의욕이 저하되고 성취감이 사라지고 실수를 반복하게 되는데 스스로 심각성을 인지하지 못해 흡연이나 음주 등에 의지하기도 한다. 하지만 이런 방법은 니코틴 중독이나 알코올 중독으로 이어질 위험이 있으니 주의가 필요하다. 우리는 건강한 방법으로 스트레스를 관리할 수 있는 방안을 마련해야 한다. 스트레스 관리가 이루어지지 않는다면 우울증과 같은 2차 질환으로 이어지기 때문이다.

번아웃 증후군을 예방하려면 업무와 관련 없는 활동을 통해 심리적 공백이나 불안정을 해소해야 한다. 이 회사에 입사했을 때가 생각난다. 하루는 한 선배가 내게 취미가 있느냐고 물었다. 곰곰이 생각하다가 딱히 없다고 대답했는데, 선배는 "그렇다면 하나쯤 가지고 있는 게 좋을 거야."라고 말했다. 당시엔 일도 바쁜데 취미까지 할 시간이 어딨어? 하는 마음이 들었지만 직장 생활을 한 지 7년이 지난 지금 생각해 보면 직장 생활의 가장 필수 조건이 취미인 것 같다.

에너지는 사용하면 충전해야 한다. 특히 일을 하며 사용한 에너지를 충전하려면 일과 관련 없는 활동을 해야 한다. 그것은 휴식이 될 수 있고, 놀이나 여행, 공부가 될 수도 있다. 사람의 성향에 따라 다를 것이다. 스스로에게 만족감을 주는 일이 무엇인지 생각해 봐야 한다. 그게 무엇이든 괜찮다. 요리든 운동이든 무언가를 만들거나 배우는 것이든 취미나 자기계발로 자신의 에너지를 채울 수 있는 일을 찾아보자. 지금 당장 하고 싶은 그 일에 몰입하여 일과 삶을 분리해 보자. 매일 같이 반복되었던 지친 일상에서 내가 몰입할 수 있는 무언가를 찾아낼 때 나의 하루는 이전과 확연히 달라질 것이다.

나는 2022년에 총 두 번의 번아웃을 겪었다. 연초에 프로젝트를 진행하면서 평일에는 밤 11시나 12시에 퇴근하는 게 부지기수였고, 주말에도 8시간 이상 근무를 했다. 업무 외에 무언가를 할 수 있는 시간이 없었고, 그렇게 나도 모르게 번아웃이 오더니 우울증으로 이어졌다. 우울증은 자살 충동으로 이어졌으며, 매일 아침 출근길에 육교에서 뛰어내리고 싶다는 극단적인 생각을 시작으로 습관적으로 죽고 싶다는 생각을 했다. 그리고 이를 실행으로 옮기기 직전이 되어서야 내 상태가 심각하다는 것을 깨닫고 정신과에 찾아가게 되었다.

정신과에 찾아가서 상담과 약물 치료를 병행한 지 5~6개월이 되었다. 이제 좀 괜찮아지나 싶더니, 붕괴된 호르몬은 하루아침에 회복되는 게 아닌 것인지 또다시 우울증이 찾아왔다. 이번엔 좀 더 심각했다. 자살 충동이 심해 언제 어떻게 죽을지 몰라 정말로 유서라도 써 놔야겠다며 내용까지 생각했을 정도였다. 그럼에도 불구하고 스스로 이겨 내려고 많이 노력했다. 많은 연구에서 번아웃을 이겨 내는 방법으로 규칙적인 생활과 운동, 명상 등을 제안한다. 나 또한 좋다는 방법을 하나둘씩 시도해 보았고, 특히나 내게 좋았던 세 가지를 추천해 본다.

번아웃이 오면 일과 일상을 분리하는 데 특히 힘을 써야 한다. 일과 일상을 분리할 수 있는 가장 쉬운 방법은 산책이다. 산책의 중요성은 많은 연구들로 증명되었다. 걷기를 하면 몸에서 세로토닌과 엔도르핀이 분비되어 스트레스가 완화되고, 불안감을 유발하는 스트레스 호르몬인 코르티솔 감소에도 큰 도움을 준다고 한다. 즉, 산책은 즉각적으로 스트레스를 해소하는 가장 확실한 방법이라는 것이다.

그래서 번아웃 초기 단계에는 시간을 내어 산책하기를 권한다. 아주 간단한 움직임으로 스트레스를 해소하는 데 도움이 된다. 스마트폰을 잠시 내려놓고 자신만의 산책 장소(**되도록이면 공원이나 호수, 숲처럼 푸르른 나무들이 많은 곳**)에서 생각을 비우고 걷는 것이 중요하다. 의도적으로 일과 삶을 분리하여 부정적인 상황에 대해 관점을 전환하는 능력인 '회복탄력성(Resilience)'을 높인다면 안정된 심리적 상태를 되찾는 데 큰 도움이 될 것이다.

산책으로도 해결이 되지 않는다면 주변 사람들을 만나 보는 것은 어떨까? 자신의 상황을 털어놓고 공감과 위로를 받자. 꼭 고민 상담을 하지 않아도 괜찮다. 누군가를 만나서 대화를 하고 집으로 돌아오는 길에 "그래, 다시 한번 잘해 보자."라고 마음먹은 순간이 한 번쯤은 있을 것이다. 그저 친구들과 만나서 이야기를 하며 시간을 보내는 것만으로도 공허함을 채우고 불안감을 극복하는 데 큰 도움이 된다.

대화를 하면 듣기, 말하기, 생각하기의 세 과정이 함께 이루어져 뇌에 다양한 자극이 간다. 익숙한 사람과의 대화도 괜찮고 낯선 이와의 대화도 괜찮다. 특히 정서적으로 친밀감을 더하는 수다는 현재의 감정을 가감 없이 표현하게 되어 마음에 쌓인 스트레스를 푸는 데 큰 효과가 있다고 한다.

온전히 나만의 시간을 갖는 방법

산책과 대화로도 번아웃이 극복되지 않을 때는 훌쩍 떠나 보자. 꼭 해외가 아니어도 좋다. 차나 버스, 기차로 서너 시간 거리의 도시로 떠나 보는 것이다. 번아웃을 극복하는 데 가장 중요한 건 역시 일과 삶의 분리다. 잠시라도 일을 잊을 수 있는 곳으로 떠나 온전히 나만의 시간을 갖도록 하자. 연구에 따르면 여행을 계획하는 것만으로도 엔도르핀이 생산되어 떠나는 것만큼 행복한 감정을 느낄 수 있다고 한다. 또한 여행하는 동안 해안가를 걷고 공원을 산책하는 등의 에너지 활동으로 평소보다 신진대사가 활발해진다고 한다. 다양한 장소를 접하고 그 속에서 사색을 하며 자아 성취를 함으로써 목적 지향적 행복도 높일 수 있다고 한다.

나 또한 이번 번아웃을 극복하는 데 가장 큰 도움이 되었던 것이 바로 여행이었다. 오래전부터 계획해 둔 여행이었지만 번아웃이 온 상태라서 갈지 말지 수십 번을 고민했다. 하지만 인터뷰 일정이 있었기 때문에 어쩔 수 없이 여행길에 올라섰다. 인터뷰를 진행하며 지인과 오랜 시간 대화를 나누고, 남은 시간에는 여행을 하며 휴식을 취했다. 그리고 마지막 날 집으로 돌아오기 전 바다를 보기 위해 잠시 해안가에 들렀는데, 날씨가 좋아서인지 바다 위에 윤슬이 부드럽게 반짝이고 있었다. 그 모습이 너무 예뻐서 저도 모르게 눈물이 펑펑 쏟아졌다. 그리고 갑자기 살고자 하는 마음이 생겼다. 세상엔 이렇게 아름다운 것들이 많은데 왜 그리 아등바등 살려고 했을까, 이 아름다운 것들을 보며 조금 더 편히 살아가겠다고 다짐했다.

김희진 한양대병원 신경과 교수는 "열정을 지속하는 건 개인의 자유이지만, 직장 생활은 언제나 그보다 오래갈 것이라는 점을 생각해야 한다"라고 말하면서 "정신적 체력 조절을 위해 스스로의 삶을 직무와 분리시킬 수 있는 태도가 중요하고, 되도록 일과 여가의 균형을 잘 맞추는 게 중요하다"라고 당부했다.

당장의 목표 때문에 휴식이 두려울 수도 있다. 지금 당장 해야 할 일들이 급해서 잠시라도 쉬면 뒤처질 수도 있다는 생각이 들 수도 있다. 그렇기에 번아웃이 온 것을 알면서도 스스로를 몰아세워 혼자 끙끙 앓다가 극단적인 선택을 하는 경우가 종종 발생한다고 한다. 하지만 인생은 마라톤이다. 마라톤의 목적은 완주에 있지 1등이 아니다. 그러니 너무 힘들다면 그늘을 찾아 잠시 쉬어 가자. 내가 걷던 길을 돌아보기도 하고, 앞으로 걸어가야 할 길을 바라보기도 하자. 그리고 힘이 나면 또다시 걸어가면 된다. 그렇게 쉬고 걷는 것을 반복하다 보면 우리의 길은 계속될 것이고, 나만의 목적지에 도착하게 될 것이다. 그러니 우리 틈틈이 여유를 갖고 재충전의 시간을 가지도록 하자. 우리의 인생은 길다.

혹시 산책과 대화, 여행으로도 나아지지 않는다면 혼자 해결하려고 하지 말자. 사람에 따라 앞서 언급한 것들이 큰 도움이 되지 않을 때도 있다. 그저 무기력함만 몰려올 뿐이다. 낯설겠지만 꼭 병원에 방문해서 전문가의 도움을 받자. 막상 가 보면 내과와 다를 바 없다. 뇌와 마음을 고쳐 준다는 것이 유일한 차이점이다. 호르몬은 우리가 어떻게 할 수 있는 영역이 아니다. 주변에서 응원하고 위로해 줘도 힘내지 못하는 것도 당신의 잘못이 아니다. '왜 나는 다른 사람처럼 도전하지 못할까, 실행하지 못할까'라고 자책하기 전에 건강한 마음을 갖는 것이 우선이다.

　　　나도 겪었기에 그런 무기력한 마음을 더욱 잘 알고 있다. 나는 아직도 병원에 다니고 있다. 앞으로 한동안은 더 다닐 것 같다. 그렇다고 정상적으로 생활하지 못하는 것은 아니다. 지금은 무엇이든 해낼 수 있다고 믿으며, 실제로도 많이 회복해 의욕을 가지고 공부와 운동, 일을 하고 있다. 약물의 도움을 받는 것이 자존심 상하고 자괴감이 들 수 있겠지만 우리의 마음이 아픈 것, 뇌가 제 기능을 하지 못하는 것은 우리의 잘못이 아니라는 것을 인지해야 한다. 그러니 받아들이고 힘들다면 꼭 병원에 가자. 몸도 마음도 건강해질 수 있도록.

10년 후를 설계하는
큰 그릇의 인생 로드맵

컨설턴트로서의 그릇을 키우기 위해 대학원 진학을 앞두고 있다. 입학을 준비하면서 신기한 것을 깨달았다. 몇 년 전에 적어 둔 인생 로드맵이 떠오른 것이다. 그 로드맵에는 '2023년 대학원 입학하기'가 적혀 있었다.

인생 로드맵은 연도별로 내가 무엇을 하며 살아왔는지를 적어 둔, 말 그대로 내 인생의 지도이다. 처음엔 이제껏 살아온 날들을 정리하기 위해 작성하기 시작했는데 장기적인 목표도 함께 적어 두면 좋겠다는 생각에 매년 향후 5년의 계획을 업데이트한다.

큰 그릇의 인생 로드맵

2006년(17세)	· 8월: 고졸 검정고시 합격
2007년(18세)	· 치킨 가게, 레스토랑 아르바이트
	· 신용 불량자 모임 참석
2008년(19세)	· 2월: 이사
	· 5월: 근무 시작
	· 9월: 엄마 파산 선고
2009년(20세)	· 2월: 학점 은행제 시작
	· 6월: 이사
2010년(21세)	· 5월: 호주 워킹 홀리데이
	· 9월: 쿠버 페디 호텔 근무
2011년(22세)	· 3월: 한국 귀국, 대구 거주
	· 6월: 카페 아르바이트
	· 11월: 호주 멜버른 여행
2012년(23세)	· 2월: 이사
	· 5월: 프랑스 여행
	· 6월: 카페 아르바이트
2013년(24세)	· 2월: 이사
	· 3월: 학점 은행제 학사 취득
	· 5월: 프랜차이즈 도넛 매장 입사
	· 9월: 이사

2014년(25세)	·4월: 봄이 입양
	·8월: 여름이 입양
	·9월: 이사, 홍콩 여행
2015년(26세)	·2월: 스페인 바르셀로나, 러시아 모스크바 여행
	·3월: 홍콩 여행 사진전 개최
	·4월: 프랜차이즈 도넛 매장 퇴사, 입사
	·10월: 이사
2016년(27세)	·7월: 퇴사
	·9월: 베트남, 태국 여행
	·10월: 입사
2017년(28세)	·5월: 중국 상해 여행
	·6월: 제주도 여행
	·7월: 태국 여행, 전라도 여름 휴가
	·9월: 독립
2018년(29세)	·4월: 텀블벅 진행
	·5월: 플리마켓 참가
	·7월: 일본 후쿠오카 여행
	·9월: 프랑스 파리 여행
	·12월: 사내 어학우수상 수상
2019년(30세)	·2월: 서울과학기술대학교 편입학, 진급
	·3월: 유튜브 채널 개설

	· 8월: 파견 근무 시작
2020년(31세)	· 5월: 블로그 일일 방문자 26만 명 달성, 체험단 부수입
	· 8월: CPIM 1차 합격
	· 9월: 본사 복귀
2021년(32세)	· 2월: 서울과학기술대학교 졸업
	· 3월: 국제 무역사 합격
	· 6월: CPIM 최종 합격
2022년(33세)	· 1월: 컨설팅 팀 이동
	· 6월: 우수 사원 포상, 본인 명의 아파트 매입
	· 12월: 진급
2023년(34세)	· 대학원 석사 과정 시작
	· 첫 번째 책 출간
	· CSCP 자격증 취득
	· 사업 시작
	· 강연
2024년(35세)	· 대학원 석사 학위 취득
	· 대학원 박사 과정 시작
2025년(36세)	· 두 번째 책 출간

앞으로 무엇을 해야 할지 감이 잡히지 않을 때 인생
로드맵을 채워 보기를 추천한다. 지나오며 켜켜이 쌓인 한

해, 한 해의 굵직한 일들을 적다 보면 내 인생이 한눈에 보이기 시작한다. 목표를 정할 때는 현재 상황에 대한 분석이 필요하다. 지금 처한 상황이 어떤지, 나는 어떤 사람인지 이해될 때 비로소 내가 원하는 것을 알 수 있다. 앞으로 이루고 싶은 목표는 '나를 아는 것'에서부터 출발하는 것이다.

나 또한 어떤 삶을 살고 싶은지, 어떤 일을 하고 싶은지와 같은 질문을 끊임없이 했다. 답이 쉽게 나오지 않을 때는 내가 어떤 사람인지부터 파악하고자 했다. 자신의 과거와 현재를 생각하며 미래를 그리는 진지한 고민이 필요하다. 생각보다 스스로에 대해서 잘 아는 사람은 많지 않다. 사람들을 만나 '너는 어떤 삶을 살고 싶어?' 하고 질문하면 대답하지 못하는 경우도 왕왕 보았다. 그만큼 자신에 대해 생각하는 시간이 부족한 것이다.

로드맵에 인생의 큰 이벤트를 적고 나서도 스스로를 잘 모르겠다면 과거의 나를 회상해 보는 것도 좋은 방법이다. 유년기의 나는 어땠는지, 어떤 행동을 할 때 행복했는지, 그리고 어떤 결과로 인해 만족을 느꼈는지 차근차근 생각해 보는 것이다. 스스로의 취향에 대해서 적어 보는 것도 좋다. 좋아하는 음악이나 영화는 무엇인지, 언제 기쁨을 느끼고 슬픔을 느끼는지 등등. 이렇게 자신에 대해 파악해야 원하는 것을 알 수 있다.

나를 파악하는 일을 마쳤다면 앞으로 5년 후, 10년 후에는 무엇을 하고 싶은지 고민하는 시간을 가져 보자. 시간과 돈, 나이를 고려하지 말고 원하는 것들을 적어 보자. '이 나이에 이걸 할 수 있을까?' 하는 고민 대신 하고 싶은 일들은 우선 적고 보는 것이다. 인생 로드맵을 통해 우리는 앞으로 어떤 방향으로 나아갈지를 계획하고 목표를 설정할 수 있다. 이 과정에서 삶에 대한 뚜렷한 비전을 얻고, 목표를 달성하는 데 필요한 행동 계획을 수립할 수 있다. 다음은 인생 로드맵을 작성해야 하는 이유다.

1. 명확한 방향 설정

인생 로드맵을 채우는 과정을 통해 삶에서 이루고자 하는 목표를 명확하게 설정할 수 있다.

2. 우선순위 설정

연도별로 이루고자 하는 목표를 설정하면서 자연스럽게 중요도가 나누어지는 것을 확인할 수 있다. 각각의 목표가 지닌 중요성에 따라 우선순위를 파악해 설정할 수 있다.

3. 계획 수립

인생 로드맵을 실천하기 위해서는 연도별 목표를 분기별 계획, 월별 계획으로 세분화해 수립해야 한다. 즉, 인생 로드맵이 큰 목표를 달성하기 위한 계획 수립을 돕는 것이다.

4. 동기 부여

인생 로드맵은 목표를 달성하기 위한 동기를 부여한다. 인생 로드맵을 적는 과정을 통해 연도별 목표는 구체적인 항목으로 가시화된다. 정확하게 인지된 목표는 강렬한 의욕을 불러일으킨다. 우리는 목표를 성취하기 위해 어느 때보다 부단히 노력하게 되며, 그 과정에서 삶의 의미와 가치를 더욱 깊이 느낄 수 있다.

인생 로드맵과 버킷리스트는 개인의 목표와 꿈을 담고 있다는 점에서 비슷하다. 인생 로드맵과 버킷리스트 모두 한 사람이 자신의 삶에서 이루고자 하는 것들을 명확하게 정리하도록 돕고, 그것을 이루기 위해 노력하게 만든다. 미래에 대한 계획을 세우고 삶을 의미 있게 만드는 데 기여한다는 공통점이 있다.

하지만 인생 로드맵은 계획 중심적이다. 현재 상황

을 파악하고 미래의 목표를 세우고 그 목표를 이루기 위한 구체적인 계획을 수립하는 것에 중점을 둔다. 목표 지향적인 계획을 세우도록 독려하며 목표에 초점을 맞춰 이를 달성하는 방법을 제시한다. 반면에 버킷리스트는 한 사람이 자신의 인생에서 꼭 이루고 싶은 것들을 나열한 목록으로, 단기적인 목표와 장기적인 목표를 동시에 담고 있다. 인생 로드맵과는 달리 세부적인 계획보다는 이루고 싶은 것 그 자체에 중점을 두고 있다. 원하는 것을 나열한 다음 그것을 달성한 후에 지우는 일종의 체크리스트 역할을 한다.

인생 로드맵이 삶의 전반적인 방향성을 나타내는 목표를 다루는 것에 비해 버킷리스트는 다양한 분야의 구체적인 목표를 담고 있다. 그러니 인생 로드맵과 버킷리스트를 모두 작성하며 삶의 전반적인 방향을 설정하고, 다양한 목표를 세워 보자.

Chapter 3

우리 곁의 큰 그릇

어느 대표님과의 저녁 식사

　　며칠 전에 좋은 기회로 한 제약 회사의 대표님 부부를 만나 식사하는 자리를 가졌다. 자수성가한 대표님은 식사 내내 인생에 대한 이야기를 하며 어떤 태도로 살아가야 하는지 말씀해 주었다. 대표님의 성공담은 인생의 지혜와 철학을 담고 있었다. 성장의 비결, 돈의 가치, 인간관계, 행복과 불행 등 다양한 주제에 대해 깊이 있게 말씀해 주었다. 기억해 두고 싶은 이야기가 많아서 양해를 구하고 메모를 남겼다.

　　첫 번째, 마음먹은 만큼 성장할 수 있다

　　성장은 마음먹은 만큼 이루어진다. 과장의 마인드로 일하면 과장의 자리까지만 성장할 수 있다. 어떤 마음을 가지고 일하는지에 따라 자리가 바뀔 것이라고 말했다. 전문성을 키워 모든 분야에서 아마추어가 아닌 전문가가 되어야 한다는 것이다. 더 높은 자리를 향해 나아가고 싶다면 지금 까지와는 완전히 다른 생각을 해야 한다고 말했다. 또한 어 떠한 일이든 평생 할 수 없다면 애초에 시작하지 말 것을 당 부했다. 심사숙고한 뒤에 시작하고 끝까지 파는 것을 강조했 다. 미미하고 치밀하게 계산하고, 하고자 하는 것에 지식과 능력을 가져야 하며 전문가가 되어야 한다고 말했다.

상위 10% 안에 들어가기 위해선 그 안에 들어가기 위한 노력이 필요하다. 지금까지 해 온 노력으로는 지금처럼 살 수밖에 없다. 내가 무언가를 하길 원한다면 끝까지 할 수 있을지 생각해 보고, 그것의 법칙이나 규칙 같은 것까지 모 두 외워 버릴 정도로 전문적으로 파고들어야 한다. 그렇게 전문적으로 파고들고, 사장의 마인드로 일한다면 사장의 자 리로 갈 수밖에 없다고 했다.

나도 비슷한 경험이 있었다. 지금 다니는 회사에 입사 했을 때, 계약직의 업무를 하면서 어떻게 하면 더 빨리 정규 직을 달고 진급할 수 있을지 고민했다. 회사는 결국 이윤을 만드는 곳이다. 매출과 이익을 늘리면 인정해 줄 것이라 생 각해 아무도 시키지 않은 영업을 했다. 당시 거래처의 매출 을 5배 증가시켰고, 입사일이 제일 늦었지만 진급 대상자 중 에 가장 빨리 진급을 했다. 물론 영업직은 나보다 연봉도 직 급도 높았다. 그렇지만 당시에 '연봉도 쥐꼬리만 한데 영업까지 해야 해?'라는 생각을 가지고 주어진 업무만 했다면, 내 진급은 두세 번 미뤄졌을 것이다.

내가 하던 업무는 단순해서 능력이나 업무 성과로 평가하기 무리한 부분이 있었다. 그렇기 때문에 근태나 업무 서류량으로 고과를 매기곤 했으며, 대부분 입사순으로 진급을 했다. 나는 급여로 받는 것보다 더 많은 일을 해야 그만큼 돈과 인정을 더 받을 수 있다고 생각한다. 결국 내가 받는 만큼만 한다면 딱 그 자리에서 머무를 수밖에 없다.

물론 업무에 대한 가치관은 모두 다르다. 적당한 돈을 벌며 적당히 일하고 싶어 하는 사람과, 업무에 대한 전문 지식과 커리어를 쌓으며 몸값을 올리고 싶어 하는 사람이 있다. 나는 후자가 내게 더 잘 맞았다. 본인의 성향에 따라 선택하면 된다. 이는 맞고 틀리는 문제가 아니다. 스스로 만족하기만 하면 된다.

두 번째, 버는 것보다 쓰는 것이 중요한 돈

가난한 사람은 복권에 당첨되어도 그 돈을 유지하지 못하는 경우가 많다고 한다. 돈을 잘 쓰는 방법을 모르기 때문이다. 반면에 돈을 많이 모으고 벌기 위해 그에 상응하는 지출을 아끼지 않은 사람들은 돈을 잘 쓰는 방법을 알고 있다고 한다. 따라서 가지고 있는 돈이 한정적인 만큼 이를 어디에 쓰는 것이 나에게 이득이 되어 돌아올지 스스로 잘 생각해야 한다고 했다.

대표님은 특히 오감을 충족시키기 위해 돈을 쓴다고 했는데 시각을 만족시키기 위해 미술품을 구입하고, 청각을 만족시키기 위해 음향 기기를 사고, 향을 즐기기 위한 차와 촉감을 즐기기 위한 운동 수단인 골프 등에 본인만의 기준을 세우고 그 기준에 맞춰 지출을 한다고 했다. 자신이 무엇에 돈을 써야 하는지 깊은 생각을 해 보는 것이 중요하다고 강조했다.

또한 이러한 취미 생활을 할 때는 평생 할 수 있는 것을 시작하라고 했다. 이것저것 손대기보단 고심해서 평생 할 수 있는 것을 골라 전문가가 되라는 것이다. 따라서 평생 할 수 있다면 그 취미를 시작할 때 장비나 재료를 최고급으로 사야 한다는 말을 덧붙였다. 그러기 위해선 공부를 하고 조사를 해야 한다. 무엇이든 해박한 지식을 가져야만 전문가가 될 수 있고, 이러한 지출은 또 다른 기회를 창출해 줄 테니 말이다.

나 또한 자기계발이나 새로운 경험에 쓰는 돈을 아끼지 않는다. 읽고 싶은 책이 도서관에 없으면 바로 사서 읽는다. 이만 원도 하지 않는 책에서 그 이상의 가치를 얻을 수 있기 때문이다. 대신 택시비나 충동구매에는 많은 돈을 쓰지 않는다. 들인 돈만큼의 가치를 돌려주지 않기 때문이다. 이렇게 돈을 쓰는 것에 대해 자신만의 기준을 세우고 돈을 아끼고 그로부터 가치를 얻어 낸다면 돈을 잘 벌 수도, 잘 쓸 수도 있게 된다. 돈을 잘 사용하는 것이 돈을 모으고 벌기 위한 필수적인 습관 중 하나이며, 이를 위해서는 스스로에게 적합한 방식으로 돈을 쓰는 것이 중요하다.

세 번째, 주식 대신 나에게 투자하기

20~30대의 투자금은 많아 봤자 1~2억일 텐데 주식으로 10%를 번다고 해도 고작 천만 원밖에 되지 않는다. 매일 주식 창을 들여다볼 시간에 공부를 하고, 좋은 것을 보고, 맛있는 것을 먹으며 좋은 사람들을 많이 만나라고 했다. 황금 같은 이 시기는 다시 돌아오지 않고, 그 시간에 스스로의 능력을 키우는 것이 더욱 가치가 있다고 했다. 그렇게 능력을 키워 나이를 더 먹으면 돈 천만 원 버는 일은 그리 어렵지 않다는 말과 함께.

만약 그래도 주식을 할 생각이라면 오를 주식이 아니라 떨어지지 않을 주식을 사라고 당부했다. '저기는 무조건 오르는 곳이야!'라며 달려들지 말고 그 회사 CEO의 성향을 파악하고 그 산업에 대해 공부해서 잃지 않을 곳에 투자하라고 했다. 결국 주식하지 말라는 이야기는 투자를 하지 말라는 뜻이 아닌, 좀 더 공부를 하고 식견을 넓히고 나서 투자를 해도 늦지 않다는 말이었다.

대표님도 한때 주식을 굉장히 열심히 했다고 한다. 하지만 10번 잘되다가도 한 번 잘못되면 망하는 게 주식이란다. 매번 승승장구하다 결국 마지막 한 번의 투자로 100억 가까이 되는 돈을 잃었다고 한다. 한 달 동안 침대에 누워 일어나지 못했다고. 지나고 보니 당신이 그나마 젊었던 시간에 주식으로 허비한 시간이 너무 많았다고 한다. 이렇게 잃어보니 차라리 그 시간에 추억을 쌓고 공부를 했다면 얼마나 좋았을까 하는 맥락이었다.

마지막으로 본인 주변에 주식으로 돈을 잃은 사람들은 원금만 회복하면 모두 뺄 것이라고 말한다고 한다. 그럴 거면 처음부터 주식을 시작하지 말고, 그 돈을 차라리 자기 계발에 쓰라는 것이다. 다달이 일정 금액만큼 투자해야 한다면 결국 자기 자신에게 투자하는 것이 올바르지 않을까.

네 번째, 인생을 이루는 건 능력 30%, 운 20%, 복 50%

능력만으로는 원하는 무언가를 해낼 수 없다. 물론 능력은 기본적으로 갖춰야 한다. 대표님은 살면서 운(運)과

복(福)도 필요하다고 했다. 이전에 이와 관련된 이야기를 SNS에 업로드했을 때, 많은 사람들이 운과 복을 잘 구분하지 못했다. 운은 말 그대로 운이다. 운은 일시적인 현상이며 우연한 계기로 어쩌다 시기가 잘 맞아서 얻는 것이다. 내 노력이 따로 들어가지 않는 요행이므로 운만 좇아서는 안 된다.

하지만 복은 다르다. 복은 운의 위에 있는 단계로, 영미권에선 카르마(Karma)라고 하여 미래에 선악의 결과를 가져오는 원인을 뜻한다. 몸과 입과 마음으로 짓는 선악의 소행이다. 유교에서는 복을 인(仁)이라 한다. 마음이 너그럽고 착하며 슬기롭고 덕이 높다는, 즉 어질다는 뜻이다. 유교에서는 인을 인간을 인간답게 하는 본질이라고 보고 유교 윤리 중 최고의 덕목으로 삼는다.

이러한 복은 내 노력에 따라 쌓을 수 있다고 했다. 선한 마음을 가지고 도움이 필요한 사람을 돕는 것으로부터 시작된다고. 우리는 혼자 살아가지 않는다. 모든 사람들과 얽히고설켜 있다. 이타적인 마음을 가지고 남을 배려하고 살다 보면 그것이 잘 축적되어 언젠가 나에게 돌아오게 되어 있다고 했다. 물론 꼭 돌아오지 않는 경우도 있다. 하지만 그것도 나름대로 괜찮다. 복을 쌓기 위해 가졌던 선한 마음이 이미 나 자신을 이전과는 다르게 변화시킬 테니 말이다.

어떠한 상황에 놓이더라도 이것이 불행인지 행복인지는 결국 스스로가 해결해야 할 일이다. 불교에서도 말한다. 행복과 불행은 모두 자신의 생각이 결정하는 것이라고. 법륜 스님의 강의 중 이런 내용이 있었다. 두 눈이 보이다가 한쪽 눈을 잃은 사람은 세상이 무너진 듯 불행한데, 두 눈이 보이지 않다가 한쪽 눈을 뜨게 된 사람은 세상을 다 가진 듯 행복해한다고. 두 사람 모두 한쪽 눈만 보이는 것은 동일한데 무엇 때문에 한 사람은 불행하고 한 사람은 행복한가? 30억을 가지고 있던 사람이 1억만 남으면 불행하지만, 평생 가난하게 살다가 공짜로 1억을 받은 사람이 행복하다면 둘 다 1억을 가지고 있는 것은 동일한데 무엇 때문에 한 사람은 불행하고 한 사람은 행복한가? 결국 내 생각 하나가 나를 행복하게도, 불행하게도 한다는 말이었다.

극단적인 예를 들었지만, 우리는 일상생활에서도 이러한 사람들을 자주 본다. 같은 일을 겪었지만 누군가에게는 그것이 불행일 수도 있고 누군가에게는 행복일 수도 있다. 만약 내가 그 상황을 바꿀 수 없다면, 생각을 바꾸는 게 빠르지 않을까? 결국 내가 어떻게 생각하느냐에 따라 내 마음이 괴로워지기도 행복해지기도 한다.

나도 직장생활에서 스트레스를 받을 때가 많다. 그럴

때면 스스로가 불행하다고 여기는 대신 이를 통해 성장하고 있다고 생각한다. 그렇게 생각하면 모든 게 다 괜찮아진다. 그러니 지금 마주한 상황을 조금 더 긍정적으로 바라보자. 긍정적으로 바라볼 수 없다면 내가 부처라는 마음으로, 이 불행은 부처에게 아무것도 아니라는 마음으로 넘기자. 그렇게 생각을 바꾼다면 우리는 결국 불행을 행복으로 바꿀 수 있다.

성공한 사람들이 하는 말은 다 비슷하다. 결국 공부하고, 좋은 마음을 가지라는 것이다. 다들 똑같은 말을 하는데도 그걸 실행하지 못한다면 나 스스로 성공의 기회를 저버리는 것이 아닐까? 나는 가끔 내 기대에 미치지 못하는 자신에게 실망할 때가 많지만, 그래도 공부를 하고 좋은 마음을 가지며 앞으로 나아간다면 내가 되고 싶었던 '나'에 가까워질 수 있을 것이라 생각한다.

일이 가장 재미있는 비버의 꿈

진해의 '공명 칼국수'에 방문했다. 분명 칼국수 매장인데 우리가 생각하는 일반적인 칼국수 매장과는 외관이 사뭇 다르다. 쌀국수 집 같기도 하고 하와이 풍경이 떠오르기도 한다. 남쪽의 작은 도시와 어울리지 않는 서빙 로봇이 매장을 분주하게 가로지르며 음식을 나르고 있다. 트로피컬풍의 셔츠를 입은 직원들이 밝게 인사하며 나를 맞이했다. 잠시 기다리니 공명 칼국수의 사장님, 일명 비버가 들어왔다.

큰 그릇 하루 루틴은 어떤가요?

비버 일어나면 누워서 휴대폰을 켭니다. 유튜브로 잘난 사람들의 목소리를 들으면서 누워 있는 거죠. 제 일상은 자유로워요. 인생 자체에 정해진 것이 없고 열린 결말이거든요. 오늘 꼭 이걸 해야 한다라는 게 없어요. 굳이 루틴을 찾자면 전날 가게에 이슈는 없었는지, 매출은 어느 정도였는지 핸드폰으로 확인하죠. 문제가 없으면 하루 종일 컴퓨터 앞에 앉아서 좋아하는 매장 콘셉트나 음식 같은 걸 찾아봐요. 다른 사람들은 어떻게 하고 있는지 찾아보는 거죠.

큰 그릇 일종의 벤치마킹이네요?

비버 맞아요. 마음에 드는 매장이 있으면 그 매장을 조사해요. 전신이 무엇인지, 무슨 일을 하는지 염탐하고 어떤 방식으로 일하는지 체크해요. 그렇게 오전 시간을 보내다 오후가 되면 매장에 나가서 무슨 일은 없는지 확인하고 필요한 건 없는지 점검해요. 그 후에는 집에 와서 놀아요. 하루 중 80~90%를 다른 매장에 대해 서치하고 공부하는 데 써요. 나만의 무언가를 만들어 내기 위해선 공부가 필요하거든요.

큰 그릇 엄청 열심히 하는군요.

비버 그리 열심히 살진 않는 것 같아요. 그냥 재미있어서 하는 것 같아요. 사람의 체형을 보면 그 사람의 생활이 보이잖아요? 저는 3보 이상 걷지 않아요. 집 앞 편의점에 갈 때도 스쿠터를 타고 갈 정도예요.(웃음)

큰 그릇 유니폼 콘셉트가 트로피컬인가요? 되게 특이한데요.

비버 가게 콘셉트가 휴양지예요. 칼국수에 조개가 들어가잖아요. 바다를 떠올리며 콘셉트를 정했어요. 그래서 매장에 있는 그림이나 사진도 모두 바다죠. 발리 같은 느낌으로 꾸몄어요. 칼국수 집이지만 이곳을 찾아오는 손님들에게 20~30분 동안 즐길 수 있는 휴가를 선사해 주고 싶었죠. 저는 뻔한 걸 싫어하거든요. 분명 외관은 발리에나 있을 법한 식당인데 음식이 칼국수인 거죠!

큰 그릇 보통 칼국수 하면 한옥이나 오래된 노포를 떠올리는데 말이죠.

비버 오랜 기간 사업을 해 왔기 때문에 저는 어떤 종목을 하든 대박을 칠 수 있다는 생각이 있어요. 저만의 사업 공식이 있거든요. 그런데 이번에 칼국수를 하게 된 건, 사업에 대한 포커스가 바뀌었기 때문이에요. 사업의 레벨이 낮을 때는 흔하지 않은 종목에 흔하지 않은 콘셉트로 들어가야 터트릴 수 있을 거라 생각했는데, 지금은 어떤 종목을 하더라도 다 성공할 수 있다고 생각해요.

큰 그릇 그만큼 시행착오를 많이 겪었으니까요.

비버 이 매장에서 태국 음식이나 베트남 음식을 했다면 시너지가 잘 터졌겠지만 평범했겠죠. 누구나 예상할 수 있으니까요. 그러다 이번엔 지속성을 길게 가져가고 싶었어요. 칼국수로는 크게 성공하기가 힘들어요. 대신 매뉴얼이 심플하고 한 번 자리를 잡으면 20~30년 해도 문제가 없다고 생각했어요. 그래서 앞으론 토속적인 음식을 다루자고 방향을 잡았죠. 하지만 전 평범한 건 싫거든요. 그래서 평범한 음식이라도 그걸 특별하게 팔고 싶었어요.

큰 그릇 그래서 발리 콘셉트의 매장에서 칼국수를 팔게 되셨군요.

비버 맞아요. 그리고 모든 음식엔 흥망성쇠가 있어요. 유행에 따라 잘되기도 안 되기도 하거든요. 그런데 저는 무척이나 게을러요. 노력하기가 싫었어요. 처음에 잘될 때 들어가서 열심히 하고 치고 빠지는 게 싫었죠. 어차피 하는 거 처음에 열심히 만들어 놓고, 몇 십년 편하게 운영하자고 생각한 거죠. 회사가 크려면 제일 중요한 게 지속성이라고 생각해요. 지속성이 있어야 직원들을 뽑아서 일을 시킬 수 있어요. 왜냐? 직원들도 안정적인 곳에서 일하고 싶을 거 아니에요. 우리 회사가 언제 망할지 모른다면 안정적으로 일할 수가 없어요. 지속성이 있어야 그들도 큰 파도 없이 즐겁게 일할 수 있어요. 그래서 저는 안정적으로 할 수 있는 것을 찾다가 여기까지 온 거예요.

큰그릇 특이한 매장이라고만 생각했는데, 지속성을 염두에 두었다니 의외예요.

비버 물론 지속성과 함께 특색도 놓칠 수 없어요. 전국에 있는 칼국수 집 중에서 우리 집 분위기가 제일 좋을 것이라 자부해요. 맛은 제일이 아닐지 몰라도요. 저는 주목받는 걸 좋아하기 때문에 조용하고 존재감이 없는 사업을 하기보다 '이거 봐라. 신기하지? 이리로 와서 놀아라~' 느낌을 풍기는 사업을 하고 싶었어요. 제 포지션을 그렇게 잡다 보니 여기까지 왔어요.

큰그릇 처음 사업을 시작하게 된 동기나 계기는 무엇이었나요?

비버 어릴 적부터 사업에 대한 생각이 있었던 것 같아요.

유년기에 했던 게임 〈일랜시아〉의 영향이 컸어요. 아이템을 사고파는 게 일이었는데 싸게 사서 비싸게 파는 게 재미있었죠. 군대에서 직장 생활을 하는 와중에 장사 쪽이 너무 반짝반짝 빛나서 기웃거릴 때였어요. 재밌어 보인다고 생각만 하고 시도는 하지 못했죠. 그러다 진해군항제에서 고등학교 친구 두 명을 우연히 만났어요. 반에서 소설이나 게임 같은 얘기를 하는 엄청 조용한 친구들 있죠? 그 친구들이 쪼그려 앉아서 아이스박스에 담긴 음료수를 팔고 있는 거예요. 그걸 보고 깜짝 놀라서 뭐 하냐 물어보니 장사를 한다는 거예요. 어떻게 하는 건지 묻는 제 질문에 아는 마트에서 음료수를 싸게 떼어 오고 이걸 팔아 하루에 20만 원씩 번다고 말하는데 순간 걔네들이 되게 멋있어 보였어요. 그래서 다음 해에 그곳에서 레모네이드를 팔기로 결심했죠.

큰 그릇 사업 자금은 어떻게 마련했어요?

비버 아직도 금액이 선명하게 기억나요. 착즙기 8만 원에 접이식 테이블 7만 원. 레몬 개당 450원에 칵테일 비닐봉지까지 해서 총 25만 원 정도 들었어요.

하루에 70만 원에서 100만 원 정도 벌었고, 6일 동안 참여해서 500~600만 원 정도 남았어요.

큰그릇 와, 초기 투자 비용에 비해서 엄청 많이 벌었네요.

비버 아무것도 모르고 시작했는데 잘됐죠. 조명 같은 것도 신경 못 쓸 때라 어두운 밤이 되면 전봇대 밑으로 좌판을 들고 가서 팔곤 했죠. 그렇게 장사를 하면서 살아 있음을 느꼈어요. 계속 해 보고 싶었죠. 그런데 문제는 제가 너무 게으르다는 거예요. 전역하고도 계속 레모네이드로만 돈을 벌 수 있을지, 오래 지속할 수 있을지 의심이 가기 시작했죠. 그럼 누가 돈을 벌까? 고민해 보니 레모네이드 착즙기를 파는 사람들이 돈을 벌겠네? 싶었어요. 그래서 내가 납품할 수 있는 걸 찾기 시작했죠. 그렇게 시작한 게 지팡이 아이스크림이었어요.

큰그릇 그 기다란 지팡이에 아이스크림 담아 주는 거 말이죠! 그것도 비버 님이 시작한 거군요!

비버 맞아요. 전역하고 처음에 과자 만드는 기계를 천육백만 원 주고 샀어요. 당시 부모님이 운영하는 주유소에서 일하고 있었는데, 창고에 자리를 마련하고 아르바이트도 한 명 뽑아서 계속 과자를 만들었어요. 전국에 납품하는 사람이 얼마 되지 않아서 계속 주문이 들어왔죠. 그래서 아르바이트를 더 고용해서 의도치 않게 오토를 돌렸어요. 그 와중에 주유소 일은 너무 재미가 없었어요. 일이 너무 단순했죠. 가업을 물려받으면 돈 걱정 없는 미래는 보장되었지만 성장한다는 기분을 느끼지 못할 것 같았어요. 군항제로 다른 세상이 열렸던 거죠. 이대로 인생이 흘러갈 생각을 하니 너무 아까웠어요. 지팡이 아이스크림으로 반년 만에 3억 넘는 매출을 찍었거든요. 이 일을 하면 당장이 재미있고 반 년 후, 1년 후가 기대되어 미치겠는데 주유소에 갇혀 있기가 싫었어요. 작은 성취들을 계속 맛보다 보니 끊을 수 없었죠. 더 큰 성취를 맛보고 싶었어요. 결국 사업에 집중하고 싶어서 부모님과 척지고 집을 나왔죠.

큰 그릇 정말 즐거웠던 게 티가 나네요. 그렇다면 사업을 하면서 실패해 본 적은 없나요?

비버 있죠. 사람을 너무 믿었어요. 지팡이 아이스크림이 잘되던 그 해 러브콜이 쇄도했어요. 어느 날에는 지팡이 과자 5만 개가 한 번에 주문이 들어왔는데, 과거 주문 이력이 많았던 곳이라 주문처가 있는 부산으로 직접 넘어갔죠. 함께 일하면서 친해졌고 어쩌다 보니 함께 살게 됐어요. 상대방은 당시 스무 살이었는데, 그 나이에 벌써 자기 프랜차이즈가 있고 외제차를 끌고 다녔죠. 젊은데 일도 잘하고, 제 물건도 잘 써 주니 금방 친해졌어요. 게다가 그 친구는 아이스크림 기계 거래처도 가지고 있었죠. 그 친구를 통해 기계를 사면 제가 직접 사는 것보다 훨씬 저렴했어요. 고객들에게 기계를 주문 받으면 거래처를 가진 그 친구에게 기계를 샀어요. 그런데 어느 순간 그 친구가 저에게 돈을 받고도 물건을 보내지 않는다는 걸 알게 되었어요. 나중에 보니 1억 가까이 재고가 쌓여 있었고, 그 친구는 잠적을 했어요. 제 모든 돈을 다 빼앗겼죠.

큰 그릇 정말 힘들었겠어요.

비버 가진 돈이 하나도 없어서 월세 20만 원짜리 골방에 들어갔어요. 한겨울이었는데 너무 추워서 군항제에서 레모네이드를 팔 때 썼던 테이블 위에 이불을 덮어 그 안에 들어가서 잠을 잤죠. 뽑기 기계에서 뽑은 아주 작은 난로 하나를 틀면 그 안은 좀 따뜻

했어요. 밥 사 먹을 돈이 없으니 밀가루로 수제비를 만들어 먹고 그렇게 두세 달을 지냈던 것 같아요. 그러다 다시 장사를 해야 한다는 생각이 들었어요. 그런데 돈이고 뭐고 없고. 메꿔야 하는 돈만 있으니 답이 없었어요. 그때 고민을 했어요. 맥도날드에서 라이더로 돈을 좀 벌고 내년 군항제에서 다시 돈을 벌면 되지 않을까? 하면서 면접을 보러 다녔죠.

그런데 안 되겠더라고요. 내가 하고 싶은 건 장사인데, 내 시간을 싸게 팔 수 없겠다는 생각이 들었어요. 수중에 가지고 있던 기계들을 모두 파니까 40만 원 정도가 생기더라고요. 그때부터 중고 거래 사이트를 샅샅이 뒤졌어요. 그냥 줘도 안 쓸 만한 와플 기계를 5만 원 주고 사들였어요. 맨손으로 닦고 과산화 수소수를 뿌리고 반짝반짝하게 만든 다음에 25만 원으로 올려서 팔았어요. 또다시 아이스크림 쇼케이스를 15만 원에 사서 깨끗하게 닦고 필름 스티커를 붙였어요. 새것처럼 만들어서 90만 원에 팔아 돈을 모았죠.

큰 그릇 보통 사람 같았으면 어떻게든 아르바이트를 하거나 막노동을 해서 돈을 모으려고 했을 텐데 비버 님은 정말 장사꾼 체질인가 봐요.

비버 이제 다시 무엇을 해 볼까 고민하다가 시작한 게 물방울 떡이에요. 모 아니면 도였죠. 근데 우리나라에는 아직 정보가 없었어요. 하는 사람도 없으니 당연히 재료도 구할 수 없었죠. 어렵사리 일본에서 재료를 구해 와서 계속 만드는 연습을 했어요. 군항제 시작 이틀 전에 드디어 물방울 떡 모양이 나왔을 땐 너무 기뻐서 소리를 질렀어요. 그리고 대망의 군항제 때 물방울 떡을 들고 나갔는데, 그때 정말 장사가 잘됐어요. 줄이 50미터는 됐죠. 우리 가게 옆 치킨집에서 연예인 사인회를 했는데 그 줄을 덮을 정도로 줄이 길었어요.

큰 그릇 우리나라에 물방울 떡을 최초로 납품한 게 비버 님이군요!

비버 맞아요. 군항제 이후로는 축제에서 장사하는 사람들이 몰려와서 납품 받고 싶다고 난리였죠. 전주 한옥 마을부터 명동까지 오만 곳에 납품했어요. 그렇게 다시 일어섰죠. 그렇게 돈을 벌어서 시작한 게 라멘 포장마차였어요. 그때 장사는 잘됐지만 실패라고 생각했어요. 저도 사람이다 보니 '지속적인 일'

을 하고 싶어지더라고요. 축제 장사를 하고 아이템 론칭이나 납품을 하다 보니 주로 한철 장사를 했어요. 지속성이 있어야 직원을 두고 저도 제대로 일할 수 있을 거라는 생각에 라멘을 팔기 시작한 거죠. 처음에는 장사가 잘됐어요. 손님들이 줄 서고, 제가 매장에 없어도 유지가 되었어요. 여기서부터 착각이 시작된 거죠. '어? 내가 안 해도 유지가 되네?' 하면서 매장을 한두 개씩 늘리기 시작했어요. 포장마차가 네 개까지 늘어났죠. 처음엔 장사가 잘되었지만 점점 매출이 빠졌어요. 제가 매일 상주하는 게 아니기 때문에 퀄리티가 떨어졌거든요. 직원들은 귀찮으면 음식 퀄리티를 신경 쓰지 않고, 손님들에게 친절하지도 않고, 열정적으로 일을 하지 않아요. 지금 생각해 보면 그 직원들에게 더 많은 월급을 줬어야 했는데 그땐 몰랐죠.

저는 현장에서 일을 하지 않을 뿐, 가게 네 군데의 일을 항상 신경 써야 했어요. 재료가 안 들어왔는데요, 바람이 불어서 어디가 부러졌는데요 등 전화를 항상 받았죠. 수습하러 다니느라 바빴어요. 거기에 에너지를 쏟아부으니 가게를 업그레이드해야 하는데 현상 유지만 할 뿐이었죠. 여기서 발전이 일어나기 힘들었어요. 발전 없는 가게들은 결국 쇠퇴할 뿐이에요. 먹고살 만한 매출이 나오긴 했지만, 새로 시작하고 싶다는 마음에 가게를 아는 동생에게 모두 넘겨주고 다시 진해로 넘어왔어요. 내가 맞다는 생각대로 해 보자 했죠. 그때부터는 하나를 해도 제대로 해서 제대로 터트리자 싶었죠.

큰그릇 사업할 때 가장 필요한 마음가짐은 무엇이라고 생각하나요?

비버 사업을 하면서 가장 중요한 건, 주변 사람들을 잘되게 만들어 주는 거예요. 저는 사업을 잘해서 영향력을 많이 끼칠 수 있는 사람이 되고 싶어요. 나 혼자만 잘한다고 사업이 커지진 않죠. 사업이 정상적으로 운영되고 회사가 커지려면 결국은 나 혼자가 아닌 다른 사람들, 타인들이 돈을 벌 수 있게 만들어 줘야 해요.

매장을 운영해 주는 인원들도 다른 데서 받는 거랑 똑같이 한달에 300만 원을 받는다면 굳이 여기에 뼈를 갈아 넣을 필요가 없겠죠. 제 수익의 일부를 썰어 줘서 돈을 벌 수 있는 미래를 보장해 준다면 여기서 안정감을 느끼고 열심히 할 수 있을 거란 생각을 해요. 결국 내가 사업을 할 때 어떤 걸 썰어 줘야 이 사람들의 배가 부를 수 있을까? 프랜차이즈를 하더라도 함께하는 그 사람들의 배가 불러야 시스템이 돌아가고, 그런 시스템이 내 사업의 성장 동력이 되는 거예요.

큰 그릇 앞으로의 계획이나 꿈은 뭔가요?

비버 항상 변해요. 제 인생은 열린 결말이죠. 어떤 사람들은 이거 할 거야, 하고서 어떻게든 그걸 보며 가는데 저는 그렇지 않아요. 목표를 설정해도 하나의 일을 진행하다 보면 파생된 아이디어나 생각이 많아져요. 태생 자체가 자유로워서 하나를 생각해도 '어? 이게 좋네. 어? 이건 더 좋네?' 하면서 해 오던 걸 뒤집을 수 있는 캐릭터죠. 물론 항상 결과가 좋은 쪽으로 가려고 해요.

큰 맥락으로 봤을 땐 어떤 방식으로든 사람들에게 좋은 영향을 주고 싶어요. 반경도 넓어지면 좋겠고요. 지금은 진해에서 생활하고 있지만, 경상권을 넘어서 전국으로 더더욱 영향력이 커지면 좋겠어요. 그리고 재미있는 걸 계속 하고 싶어요. 어떤 손님들은 '오메, 칼국수 집이 와 이리 생겼노?' 물개 박수를

치면서 들어오시거든요. 그런 장소를 제공해 주는
게 꿈이죠. 특히 진해에는 좋은 게 너무 많아요. 생
태 공원도 있고 진해 바닷가는 또 얼마나 예쁜데요.
진해에서 소비할 수 있는 것들을 만들어 더 많은 사
람들이 오게 하고 싶어요. 그렇게 늙고 싶네요.

큰 그릇 두렵거나 도전하기 망설여질 때는 어떻게 하는 편
인가요?

비버 저는 항상 미래에서 살아요. 제가 생각하는 포지션
이 미래에 있으니까 지금의 제가 거지꼴을 하고 책
상 밑에 들어가서 자도 어떻게 하면 다시 일어설 수
있을까 생각해요. 그거 말고는 답이 없고, 그렇게
해야 내가 살 수 있으니까. 현재 내가 당장 힘들고
상황이 안 좋아도 미래의 나는 안 그렇거든요. 그래
서 실패하더라도 지금은 불행하다는 생각을 하지
않았어요. 어차피 미래의 난 잘 살 거니까! 지금은
그냥 지나가는 시간일 뿐인 거죠.

비버는 눈앞에 있는 것들을 하나둘씩 해결하며 여기
까지 왔다. 매일 0.1%를 채우기 위해 노력한다는 그의 말이
떠올랐다. 작은 행동일지라도 쌓이고 쌓이면 언젠가 100%

를 채울 수 있을 것이라는 그의 말. 피곤하거나 귀찮다고 오늘 할 일을 미룰 수 없는 이유이기도 하다. 작은 것부터 시작하자. 그것들이 켜켜이 쌓여 인생을 이룰 테니까.

경제적 자유를 실현하는 길

　　박정수(가명) 님은 나의 회사 상사이자 인생 선배다. 인생이나 커리어, 부동산에 대한 가르침을 아끼지 않는 것은 물론, 내게 대학교 진학을 권한 분이기도 하다. 박정수 님의 가르침 중에서 부동산 투자에 대한 조언을 조금 더 심도 있게 듣고 싶어서 인터뷰를 요청했다.

큰 그릇 간단한 자기소개 부탁드립니다.

박정수 안녕하세요. 큰 그릇에게 대학 진학을 권했던 당사자입니다. 저는 서울 목동 60평형 주상 복합에서 예쁜 아내와 함께 귀여운 아들 하나를 키우고 있는 평범한 가장입니다. 현재 거주하고 있는 주상 복합을 포함하여 아파트 4채, 오피스텔 6채를 가지고 있습니다. 부동산 시세가 떨어지고 있어서 정확히는 모르겠지만 총 자산은 약 40억 정도 되고 빚이나 전세 보증금 등을 제외한 순자산은 20억 원이 조금 넘습니다. 2022년 말 현재, 제 나이는 40대 중반이고 부동산 투자는 30대 초반에 시작했습니다.

큰 그릇 처음 투자에 대해서 생각하게 된 계기는 무엇인가요?

박정수 삼 형제 중 둘째로 태어났습니다. 일명 산동네에서 태어났고 재개발로 집이 허물어지기 전까지 그곳에서 살았습니다. 재개발 때문에 열일곱 살에 빌라로 이사를 갔는데, 그 전까지 집 안에 화장실이 없어서 동네 공동 화장실을 사용했습니다. 아버지는 빌라로 이사를 가던 그해에 돌아가셨습니다. 어머니 혼자 삼 형제를 키우시느라 고생을 많이 하셨습니다. 짐작하시겠지만 가정 형편은 매우 안 좋았습니다. 어릴 때부터 가난이 싫었고 창피했습니다. 빨리 어른이 되어서 가난에서 벗어나고 싶었어요.

큰 그릇 투자 중에서도 부동산으로 결정하게 된 이유는 무엇인가요?

박정수 나름 좋은 대학을 나왔고, 운 좋게 대기업에 취직해 꽤 높은 연봉을 받았습니다. 원하는 회사에 들어갔으니 처음 2년 정도 정말 마음먹고 놀았던 것 같아요. 주 3일 야근하고 선배들과 술 마시고, 야근 없는 날은 회사 동기들과 술 마시고. 주말엔 소개팅을 하면서 시간을 보냈어요. 선배들과 저녁을 먹을 때마다 10년 차 이상 과장님, 차장님, 부장님들은 항상 직업 안정성에 대한 걱정을 늘어놓더라고요. 왜냐하면 그 회사가 오랜 기간 법정 관리에 있다가 제가 입사하기 2~3년 전에 새로운 주인을 만난 상태였거든요. 입사 후 2년 동안은 선배들의 그런 걱정을 들을 때 직장인들이 으레 하는 넋두리 정도로 치부했어요. 그런데 어느 순간 이런 생각이 들더라고요. '내가 저 사람들보다 나은 게 없으니 10년 뒤 나도 매일 전전긍긍하고 있겠구나.' 그 뒤부터 정말 많은 고민을 했습니다. '10년 뒤에 그들과 똑같은 걱정을 하지 않으려면 나는 무엇을 더 해야 할까?' '회사를 계속 다니는 것이 옳은 길인가?' '부업을 해야 한다면 무슨 부업을 해야 할까?'

입사 동기들과의 술자리에서 동기들의 이야기가, 소개팅 자리에서 맞은편에 앉은 아가씨의 이야기가 귀에 들어오지 않았습니다. 이 가게의 테이블은 몇 개인지, 몇 개의 테이블에 손님이 앉아 있는지, 하루에 몇 번 회전을 하는지, 그러면 이 가게의 손익은 어떻게 되는지 같은 것들을 머릿속으로 계산하면서 회사를 계속 다녀야 할지 장사를 해야 할지 고민했습니다. 앞서 언급한 것처럼 저는 대기업에 취직을 했고 연봉이 꽤 높았습니다. 그래서 장사를 하는 것은 대안에서 제외했습니다.

다시 원점으로 돌아왔으니 회사를 다니면서 투자 또는 부업을 할 수 있는 방법을 고민했습니다. 아시다시피 주식은 매매 타이밍이 매우 중요합니다. 물론 사고 나서 몇 년 묻어 두는 가치주는 매매 타이밍이 상대적으로 덜 중요하죠. 하지만 그런 가치주는 여유 자금이 부족한 신입 사원이 할 만한 주식은 아니었습니다. 게다가 회사에서 일을 하다 보면 불가피하게 여기저기 불려 다니게 됩니다. 회의도 하고 팀장님 또는 선배들에게 꾸지람을 듣기도 하죠. 그때마다 "팀장님, 잠시만요. 제가 팔아야 할 주식이 있어서요. 5분 뒤에 오겠습니다." 이럴 순 없습니다. 그래서 주식은 직장인, 특히 여유 자금이 부족한 직장인이 하기엔 부적절한 투자 방법이라고 생각했습니다.

당시 지인 중 한 명이 부업으로 오픈 마켓에서 스포츠 용품을 팔고 있어서 그것도 고려했으나, 회사 업무 특성상 주3일 정도 야근을 했고 빈번한 술자리로 퇴근 후 제품을 발송하는 등의 업무를 처리하기 어려웠습니다. 그렇게 약 6개월 정도 고민을 했는데 결국 "회사를 다니면서 할 수 있는 부업 중 리스크가 적고 시간적 소요가 적은 것은 부동산뿐이다."라는 결론을 내렸습니다. 하지만 또 다른 문제는 부동산 투자를 할 수 있는 쌈짓돈이 없었단 것입니다.

큰 그릇 부동산 공부 혹은 준비하는 과정에서 겪은 어려움은 없었는지 궁금해요. 어려움이 있었다면 어떻게 극복하고자 했나요?

박정수 특별히 부동산 공부를 하진 않았어요. 왜냐하면 제 투자 콘셉트는 명확했습니다. 부동산으로 마음을 굳힌 시기, 그러니까 2010년쯤 아파트 가격에 거품이 많다고 생각했습니다. 그리고 빚을 지고 아파트를 산다 한들 내 아파트도 오르고 남의 아파트도 오르면 결국 내가 가질 수 있는 아파트의 가치는 동일하다고 생각했어요. 즉, 아파트 가격은 사이버 머니 같은 것이라고 여겼지요(그리고 **결정적으로 돈이 없었습니다**). 따라서 투자 비용도 작고 현금이 바로 들어오는 월세에 투자를 하자고 마음을 먹었어요. 조금 세련된 말로 수익형 부동산이라고 합니다. 당시엔 그런 용어도 몰랐어요.

그 뒤로 네이버 부동산을 검색해 가면서 서울 시내 오피스텔을 하나하나 다 뒤져 수익률을 계산했습니다. 같은 건물에서 매매 물건과 월세 물건을 동시에 펼쳐 놓고 매매 시 들어가는 비용(**매매 원금, 취등록세, 중개 수수료, 이자 비용 등**)과 그 물건을 매수해서 월세를 놓았을 때의 수입(**월세 등**)을 계산해서 연간 수익률을 따져 봤어요. 정확하진 않지만 서울 시내 오피스텔 약 100군데 정도를 조사했던 것 같아요.

결혼하기 전이라 투자를 할 순 없었고 계속 스터디를 하면서 데이터를 누적하고 있었죠. 그러다가 현재 아내를 만나서 결혼하기로 하고 신혼집은 경기도 용인시 처인구로 정했습니다. 당시 전세 금액이 1억이었는데, 회사에서 복지 차원에서 해 주는 대출 3천만 원, 나머지는 1금융권 전세 자금 대출을 통해서 전셋집을 마련했습니다. 즉, 당시 제 순자산은 0원이었습니다.

오피스텔 투자를 하고 싶지만 돈이 없던 저는 100% 대출을 통한 투자를 하기로 결심했습니다. 경영학과 4학년 1학기 과목 중에 투자론이라는 과목이 있습니다. 거기서 '회사의 이자율'이라는 개념이 나오는데, 회사의 이자율이란 경영자의 입장에서 1단위의 신규 투자를 할 때 추가로 얻을 수 있는 수익이 투자 금액과 동일해지는 시점. 그 시점의 투자 수익률을 가리킵니다. 회사의 이자율은 내/외부 경영 환경에 따라서 수시로 변합니다. 그래서 실제로 회사를 운영한다는 것은 다양한 리스크를 고려해야 합니다.

하지만 오피스텔 투자는 다릅니다. 제 이자율은 정해져 있습니다. 여러 가지 변수 중에서 하나, 제 이자율은 은행 몇 군데를 돌면 나옵니다. 2011년 당시 제 이자율은 약 6%대였고 신용 대출로 빌릴 수 있는 대출액의 한도는 7천만 원 수준이었습니다. 오피스텔 투자의 수익률이 6% 이상이면 투자를 해 볼만하겠다는 판단이 들었습니다. 따라서 아래 세 가지 조건에 맞는 오피스텔을 찾기 시작했습니다.

① 집에서 가까울 것: 오피스텔 월세 세입자들은 아파트 전세 세입자와 달리, 수시로 입출입을 할 것이고 그 왕복 시간과 비용도 투자 수익에 영향을 미치니 가급적 가까운 곳으로 정할 것

② 총 구매 금액이 7천만 원 이하일 것(대출 한도)
③ 수익률이 6% 이상일 것(대출 이자율)

이 조건에 맞는 오피스텔을 찾았고 2011년 10월 말에 기흥역 근처의 오래된 오피스텔 4800만 원짜리 매물을 후보로 삼았습니다. 당시 월세가 35만 원이었고 세입자는 창틀을 교체해 달라고 했습니다.

구분	금액(원)	비고
매매 원금	48,000,000	
월세 보증금	-3,000,000	
매매 중개료	300,000	
창틀 시공 비용	-3,000,000	
취등록세	2,500,000	
총 비용	50,800,000	
1년 이자	-3,048,000	총 비용×6%
1년 월세	4,200,000	35만×12개월
총 수익률	8.3%	
월세 중개료 등 각종 예상 비용	-350,000	1년 기준
1년 순소득	802,000	
순수익률	1.6%	

1년간 손익 평가를 예상했을 때 총 투자금은 약 5080만 원, 연간 이자 비용은 약 300만 원, 연간 월세 수익은 420만 원, 연간 순수익은 80만 원, 총 수익률은 8.3%, 순수익률은 약 1.6% 입니다. 순수익률이 2%가 채 되지 않아 수익률이 매우 낮다고 생각할 수도 있지만 애초에 제 투자 원금은 0원이었고, 리스크와 소소한 노동력, 발품을 팔아서 연간 80만 원을 벌 수 있다는 판단이 섰습니다. 중간에 세입자가 나가면서 가전제품 옵션을 추가했고 부분 리모델링을 통해 월세를 40만 원으로 인상하여 진행했습니다.

구분	금액(원)	비고
매매 원금	48,000,000	
월세 보증금	-3,000,000	
매매 중개료	300,000	
창틀 시공 비용	-3,000,000	
취등록세	2,500,000	
옵션 추가+리모델링	500,000	가전제품+도배+페인트칠 등
총 비용	51,300,000	
1년 이자	-3,078,000	총 비용×6%

구분	금액(원)	비고
1년 월세	4,800,000	40만×12개월
총 수익률	9.4%	
월세 중개료 등 각종 예상 비용	-350,000	1년 기준
1년 순소득	1,372,000	
순수익률	2.7%	

이에 따라 제 연간 순소득은 80만 원에서 137만 원으로 변경되었고, 그 사이 아내와 함께 꾸준히 대출을 갚아 가면서 약 15개월 뒤엔 원금 5천만 원을 다 갚을 수 있었습니다.

구분	금액(원)	비고
매매 원금	48,000,000	
월세 보증금	-3,000,000	
매매 중개료	300,000	
창틀 시공 비용	-3,000,000	
취등록세	2,500,000	
옵션 추가+리모델링	500,000	가전제품+도배+페인트칠 등
총 비용	51,300,000	
1년 이자	-	

구분	금액(원)	비고
1년 월세	4,800,000	40만×12개월
총 수익률	9.4%	
월세 중개료 등 각종 예상 비용	-350,000	1년 기준
1년 순소득	4,450,000	
순수익률	8.7%	

원금을 갚고 나니 제가 버는 금액은 연간 약 450만 원 수준으로 급상승했습니다. 당시 세후 급여로 따지면 한 달 치가 넘는 금액이었습니다. 오피스텔을 관리하는 데 그만큼의 노동력이 들어갔느냐 하면 그렇지 않습니다. 즉, 부동산 투자는 주 노동 소득보다 훨씬 가성비가 좋았습니다. 그래서 다시 마이너스 통장을 100% 활용하여 같은 건물에서 두 번째 투자를 실시했습니다.

이렇게 100% 신용 대출(**마이너스 통장**)로 오피스텔을 구매하여 원금을 다 갚으면 또다시 같은 방법으로 구매를 반복했습니다. 그렇게 오피스텔을 최대 8개까지 가져 봤습니다. 당시 받는 월세는 월 350만 원 수준이었습니다. 연간 순수익으로 따지면 약 4천만 원이 되었습니다.

2022년 말 현재, 이자율이 급격히 오르면서 일명 '영끌'한 사람들의 이자 부담이 커졌다고 하는데 이는 본인의 Cash Flow를 정확히 이해하지 못한 채 정말 영끌을 했기 때문에 문제가 됩니다. 하지만 제가 구상한 수익형 부동산 투자는 당초 세팅이 이자율보다 높은 수익률을 지닌 물건을 선별하여 투자하기 때문에 오히려 건강한 빚이라고 할 수 있습니다. 저는 이러한 투자 방식을 '역저축'이라고 표현합니다. 저는 대출 이자를 미래의 소득을 오늘로 미리 당겨오는 비용이라고 정의합니다.

제가 은행에 돈을 저금하고 그 돈을 모아서 오피스텔을 구매했다면 이자 소득세를 제외한 실이자율은 1~2%가 되지 않을 겁니다. 하지만 대출을 통해 제 미래의 소득을 오늘로 당겨 온다면, 즉 은행에 지불하는 이자율이 6%라면, 제 투자 방식은 6%의 역저축을 하는 셈이라는 것입니다. 저축 실이자율 1~2% 대비 4~5% 높은 수익률을 얻습니다.

큰 그릇 투자에 실패했던 경험은 없었나요? 그런 경우에는 어떻게 극복했는지 궁금합니다.

박정수 실패한 투자라면 세 가지 경우가 생각납니다. 가장 먼저, 성공스러운 첫 번째 투자와 두 번째 투자로 너무 자신이 붙었던 것 같습니다. 세 번째 투자로 같은 건물에서 조금 큰 물건을 구매했습니다. 원룸을 1.5룸으로 개조하는 리모델링을 해서 고수익을 얻을 의도였죠. 하지만 결과는 3년 동안 보유하면서 거의 수익을 보지 못한 채 일명 '똔똔'으로 매도하게 되었습니다. 너무 자만해서 앞선 두 번의 투자와 달리 면밀한 검토를 하지 않은 것이 실패의 원인이었습니다.

두 번째로는, 실패한 투자라고 하기보다는 좋은 기회를 놓친 것입니다. 월세 세입자들은 전세 세입자에 비해 요구 사항이 많습니다. 투자한 오피스텔이 6개가 넘어가니 관리하기가 힘들더라고요. 그래서 그때 재개발용 소형 아파트 갭투자를 검토했습니다. 재개발 가능성이 있는 아파트를 찾았고 최대의 효율을 얻기 위해 거기서 가장 저렴한 매물을 구매하고자 했는데 제가 너무 강력하게 밀어붙이니 상대방이 매물을 거두더라고요. 이때 나만 잘난 게 아니라 상대방도 잘났다는 깨달음을 얻었습니다.

세 번째로는, 역시 실패한 투자라기보다는 내/외부 환경 변화에 따른 전략 수정이라고 할 수 있습니다.

앞서 언급한 것처럼 저는 수익형 부동산 투자, 즉 오피스텔로 월세를 받는 투자만 했습니다. 실제 사는 집은 2014년에 약 3억 원을 주고 구매한 관악구 신림동의 나홀로 아파트였습니다. 그런데 약 2년 뒤 시세가 4억이 되더라고요. 제가 그동안 월세 투자를 하면서 훨씬 더 긴 시간과 더 큰 원금, 노동력을 들였으나 총 수익이 1억 원이 되지 않았는데, 아파트는 그냥 사서 앉아 있으니 1억 원이 올라 있더라고요. 여기서 일명 '현타'가 왔습니다(**내부 환경의 변화**). 그리고 때마침 중소기업에 재직 중인 청년들에게 전세금의 90~100%를 빌려주는 정책이 생겼습니다. 그러자 제 소비자(**저는 제 오피스텔에 들어오는 분들을 소비자, 손님이라고 생각합니다**), 주요 소비층이 월세에서 전세로 전환하며 옮겨 갔습니다. 다시 말해 월세가 잘 안 나가기 시작한 것입니다(**외부 환경의 변화**). 이러한 내/외부 환경의 변화로 인해 저는 수익형 부동산(**월세**) 투자에서 일명 갭투자로 투자 방법을 전환합니다. 그렇게 아파트를 순차적으로 4채를 구매하였고(**현재 거주 중인 60평 목동 주상 복합 포함, 신림동 나홀로 아파트는 매도**), 코로나19와 저금리 기조로 인해 평가액 기준으로 꽤 높은 시세 차익을 얻었습니다.

큰 그릇 투자를 통해 궁극적으로 이루고 싶은 것은 무엇인가요?

박정수 투자를 통해 궁극적으로 이루고자 하는 것은 경제적 자유입니다. 즉, 일하지 않고도 생계 유지가 가능한 수준이 되는 것이 투자를 통해 얻고자 하는 것입니다. 은퇴 후에는 작은 건물을 사서 월세 소득으로 살려고 합니다. 경제 생활의 은퇴는 아들이 스무 살이 되는 시기입니다. 사실 제가 쉰다섯이 되기 전에 그 수준을 달성할 것으로 예상되지만, 아들에게 놀고 있는 아버지의 모습을 보여 주지 않기 위해 근로는 계속 하고자 합니다.

큰 그릇 앞으로의 계획이나 꿈은 무엇인가요?

박정수 회사를 다니면서 업무와 관련된 박사 학위를 준비하고 있습니다. 회사는 2006년부터 다녔으니 2022년 현재 17년 차 직장인입니다. 실무 경력 만 20년을 채우면 대학에서 강의를 하면서 학생들을 가르치는 것이 중기 목표입니다. 혹시 운이 좋아서 대학에서 학생들을 가르치게 된다면 상기 언급한 은퇴를 하지 않고 정년까지 근무하고자 합니다. 이는 경제적 목적이 아닌 젊은이들과 함께 소통하고 그들에게 가르침을 주고 싶기 때문입니다.

그리고 꿈은 장학 재단을 설립하는 것입니다. 장학 재단의 이름도 이미 정해 뒀습니다. 아내의 이름 중 한 글자, 제 이름 중 한 글자. 처음에 언급한 것처럼 제 성장 환경은 매우 열악했습니다. 일명 흙수저였죠. 당시에 누군가가 저를 더 많이 지원해 줬더라면 지금의 저보다 물질적으로든 내면적으로든 조금 더 성장한 사람이 되어 있지 않을까 하는 아쉬움이 있습니다. 따라서 저와 같이 환경이 어렵지만 성공에 대한 열망과 꿈이 있는 친구들을 모아서 지원해 주고 싶습니다. 한 학기에 5명씩, 1년에 총 10명에게 등록금을 지원해 주고 매년 말에 그 친구들과 저녁 식사를 하고 싶습니다.

저는 고 이건희 회장이나 고 스티브 잡스와 같은 거부가 될 순 없습니다. 하지만 누가 압니까? 제가 매년 10명 또는 20명을 지원하면 10년 뒤엔 100명 또는 200명이 되는데 그중 하나 또는 둘, 셋은 고 이건희 회장 또는 고 스티브 잡스처럼 될지. 그렇다면 그 친구들은 100~200명이 아니라 만 명 또는 그 이상의 학생들을 도울 것이라 생각합니다. 저는 세상을 바꿀 만한 큰 열매를 맺을 순 없지만 그 열매를 맺기 위한 씨를 뿌린다는 마음으로 어려운 환경에 있는 학생들을 돕고 싶습니다.

큰 그릇 주어진 상황(**경제적인 문제 혹은 자신감 결여**) 때문에 투자를 고민하는 이들에게 하고 싶은 말이 있을까요?

박정수 회사를 다니며 기회가 있을 때마다 후배들에게 제 이야기를 해 줍니다. 그저 자랑으로 들릴 수도 있겠지만 누군가에게는 자극제가 될 테니까요. 저처럼 투자를 하면서 부자가 되길 바라는 마음에서 제 이야기를 합니다. 어느 날은 한 후배와 외근을 나가면서 일부러 경로를 벗어나 조금 돌아갔습니다. 아파트 가격이 급격히 오른 지역을 보여 주었지요. 그리고 일명 연트럴파크라고 불리는 연남동의 3층짜리 카페 건물 사례를 말해 줬습니다(**연트럴파크가 형성되기 이전에는 10억이 안 되던 3층짜리 빌라 건물이 연트럴파크가 형성되면서 이제는 20억이 넘는다는 내용이었습니다**). 당시 그 후배는 저에게 이렇게 물었습니다.

"차장님, 저 결혼도 안 하고 돈도 없는데 이런 얘기를 왜 하시는 거예요?"
"지금 10억이 없다고 해서 10년 뒤, 20년 뒤에도 10억이 없을 거라고 생각하니? 지금부터라도 관심을 가지길 바라는 마음에 말해 주는 거야. 지금부터 그런 공부를 하지 않는다면 10년 뒤, 20년 뒤 10억이 있다고 한들 선뜻 10억짜리 매물을 살 수 있을까?"

이 대답이 후배에게 충분한 답이 되었기를 바랍니다. 지금 돈이 없어도 관심을 가지고 공부해 두면 언젠가 기회가 옵니다. 저는 30대 초반부터 취미로 서울 곳곳의 시내를 찾아다녔습니다. 공원이나 강변이 아니라 시내 도심을 걷는 이유는 자꾸 걷다 보면 안목이 생기기 때문입니다. 어느 지역의 상권이 변하는지, 어디로 상권이 이동하는지, 매번 가게가 망하는 자리의 문제는 무엇인지, 그리고 각 가게에 대해서 장사가 잘 될 위치인지 아닌지 등을 자연스럽게 터득할 수 있습니다. 저는 순자산 0원에서 투자를 결심했습니다. 고민하고 고민하면 답이 보입니다. 답이 보이면 주저하지 말고 행동하세요.

큰그릇 젊은 친구들이 이것 하나만은 했으면 좋겠다 하는 것이 있을까요?

박정수 하나만 조언하기엔 제가 욕심이 많네요. 몇 가지 말씀드리고 싶습니다. 첫째, 저를 갭투기꾼이라고 욕해도 좋습니다. 하지만 본인이 살 집 하나는 꼭 장만하길 바랍니다. 미물인 달팽이도 자기 집을 가지고 태어납니다. 강아지나 고양이에게도 강아지 집, 고양이 집을 만들어 줍니다. 환경이 된다면 본인 집을 마련하세요. 남의 집에 사는 것과 내 집에서 사는 것은 마음가짐이 매우 다릅니다.

둘째, 요즘 청년 세대를 삼포 세대(**연애, 결혼, 출산 포기**) 또는 N포 세대라고들 합니다. 그런 이야기를 들으면 매우 안타깝습니다. 무엇이든 포기하지 마세요. 꿈을 꾸고 적어 두세요. 그리고 어느 시점에 무엇을 달성하겠다는 스케줄링과 함께 최대한 세밀하게 계획을 세우고 책상 서랍에 넣어 두세요. 그리곤 자주 보지도 말고, 분기(**3개월**) 또는 반기(**6개월**)에 한 번씩 열어 보고 점검해 보세요. 아마도 계획보다 조금 빠르게 달성하고 있다는 것을 확인할 수 있을 겁니다. 그렇게 계획을 차곡차곡 달성하다 보면 어느새 꿈에 가까워지는 겁니다. 하지만 잘 진행되지 않아 변경 또는 파기해야 하는 계획도 있습니다. 그렇다고 너무 좌절하거나 자책하지 마세요. 하루라도 어릴 때 그 계획이 나랑 맞지 않다는 걸 확인한 거니까요. 나중에 더 나이 들어 허비할 수도 있던 시간을 오늘 미리 확인한 겁니다. 다만 달성하지 못했다고 해서 계획도 세우지 않는 우는 범하지 않길 바랍니다.

셋째, 경제 공부를 꼭 하세요. 남들이 예상하는 미래에 본인의 미래를 맡기지 마세요. 이러저러한 경제 지표가 무엇을 의미하는지, 여러 가지 경제 지표가 미래를 어떻게 말하고 있는지 해석할 수 있는 능력을 키우세요. 그리고 정치와 뉴스를 모두 믿지 마시고, 위조하기 힘든 경제 지표를 본인 스스로 해석하고 전문가들의 의견과 비교하세요. 같은 뉴스를 언론사별로 어떻게 전달하는지 차이점을 관찰해 보세요. 모든 글에는 목적이 있습니다. 뉴스 역시 마찬가지입니다. 표면적으로는 사실을 전달하는 듯하지만 어감, 어조, 뉘앙스 등으로 시청자에게 본인들의 의견을 전달합니다. 경제 공부를 하면 웬만큼은 보입니다. 또는 의혹이 생깁니다. 목적이 깔린 남들의 분석과 전망에 본인의 인생을 맡기지 마세요.

박정수 님의 투자 조언을 들을 때면 투자라는 것이 꼭 돈을 모아서 하는 것만은 아니라는 생각이 든다. 물론 빚을 내는 것에는 리스크가 따른다. 그렇기 때문에 공부가 선행되어야 한다. 또한 모든 것을 완벽하게 준비해 놓고 시작할 수 있는 투자도 없다. 이건 비단 투자에만 해당하는 이야기가 아니다. 인생이나 커리어, 사업이나 공부 등 모든 방면에 대한 이야기다. 완벽하지 않더라도 최대한 할 수 있는 만큼 만반의 준비를 하자. 그리고 겁내지 말고 나 자신을 믿고 시도해 보자.

수많은 동그라미 사이에서 세모로 사는 법

'서른이 넘어서 다시 대학에 다니면 너무 늦은 걸까요?' '2n살인데 전공을 바꿔도 될까요?' 서른이 되어 정식으로 대학을 다닌 나에게 이런 고민을 털어놓는 사람들이 많다. 우리나라는 '몇 살에 대학을 졸업하고 몇 살에 기업에 취업해야 한다'는 식의 사회적 통념이 공고히 자리 잡고 있어서 그런지 많은 사람들이 나이를 먹고 새로운 꿈을 가지는 것에 대해 두려움을 갖는다. Jenna 님은 그러한 두려움을 이겨내고 자신의 꿈을 위해 한 발자국 내디딘 이다.

큰 그릇 간단한 자기소개 부탁드립니다.

Jenna 저는 캐나다 토론토에 거주하고 있는 직장인입니다. 몸은 캐나다에 있지만 독일 기업의 미국 팀에서 일하고 있어요. 2019년 늦은 가을, 유학과 이민이라는 큰 꿈을 품고 캐나다에 왔는데 어느덧 3년이라는 시간이 흘렀네요. 지난 3년은 스토리가 정말 많아요. 석사 공부 시작과 함께 코로나19가 터졌고, 살면서 처음으로 인종 차별로 인한 신체적 공격을 받아 봤고, 그 와중에 네 군데의 외국 대기업에서 일도 해 봤어요. 다사다난했지만 잃은 것보다 얻은 것이 많은 시간이었습니다. 유학 오기 전의 저보다 많이 단단해진 걸 느껴요.

큰 그릇　현재 캐나다에 거주 중인 것으로 알고 있는데, 캐나다에 가기 전에는 한국에서 어떤 일을 했는지 궁금해요.

Jenna　한국에서는 4년간 미국에 본사가 있는 외국계 회사에서 일을 했어요. 인사 팀이었고요. 인사 일을 하다 보니 회사의 사악한 모습을 많이 보게 됐고, 특히 여성 직원으로서의 커리어에 한계를 많이 느꼈어요. 저는 나이 먹어서도 계속 일을 하고 싶다고 생각할 정도로 커리어 욕심이 많아요. 만약 미래에 결혼을 해서 파트너나 저 중에 한 명이 퇴사를 해야 하는 상황이 와도 저는 제가 일을 한다고 설득할 거예요. 그런 저에게 한국 사회에서의 유리 천장은 극복할 수 없는 장애물이었어요. 돌아보면 인사 팀에서 일한 덕분에 외국행에 대한 의지를 더 굳게 다질 수 있었던 것 같아요.

그리고 처음이 참 중요하다고들 하잖아요. 대학 시절 미국계 IT 기업에서 인턴을 했는데, 20대 초반에 겪었던 그 경험이 이후 제 커리어에 큰 영향을 줬어요. 외국 회사의 수평적인 구조, 자유로운 분위기를 겪고 나니 한국 회사의 수직적 군대 문화에 적응을 못 하겠더라고요. 그래서 졸업 후 들어간 첫 한국 회사는 6개월도 못 가서 때려치우고 나왔죠. 세상에서 제일 잘한 일 중 하나예요.

큰 그릇 캐나다에 가기로 결심하게 된 계기는 무엇이었나요?

Jenna 역사가 길어요. 어릴 때부터 외국에 나가서 살고 싶다는 생각을 했어요. IMF로 아버지 사업이 실패하면서 아버지의 고향에 내려와 살았어요. 학교 가는 버스가 한 시간에 한 대 겨우 오고, 구경거리라고는 구멍가게 하나뿐인 깡촌에서 살다 보니 넓은 세상에 대한 동경이 시작됐죠. 어른이 되면 꼭 이곳에서 벗어나 더 큰 무대에서 인생을 살아야지 다짐하게 되었어요.

중고등학교 시절에는 하고 싶은 것과 해야 할 것에

대한 주체성을 찾지 못했어요. 한마디로 한국식 사고 방식에 동화되어 버린 거죠. 사람은 공부해야 성공한다, 대학이 인생의 전부다 하는 어른들의 말만 믿고 입시 지옥을 치열하게 견뎌 내며 원하는 대학에 갔더니 웬걸? 제가 기대한 삶이 아닌 거예요. 저는 회계학부를 나왔는데 이렇게 획일적일 수가 있나 싶을 정도로 동기들 모두가 공인 회계사 고시생의 길을 걸었어요. 제 주변 누구도 다른 꿈을 꾸지 않았어요. 회계학부를 나와서 CPA를 준비하지 않는 제가 거의 딴따라였죠. 수많은 동그라미 사이에 혼자 세모로 지내다 보니 한국 특유의 획일적인 기준에 대한 반발심이 점점 커지더라고요. 그래서 휴학을 하고 외국계 회사에서 인턴 일을 하게 된 거예요. 신세계였죠. 다양성을 존중하고 다름을 인정하는 곳에 오니 마음이 탁 놓였어요. 열심히 일을 해서 번 돈으로 한 학기 더 휴학을 하고 유럽으로 두 달 동안 배낭여행을 갔어요.

유럽을 통해 바라본 세상은 신선한 충격이었어요. 요즘은 유럽 여행을 쉽게 가지만, 사실 제가 갈 때까지만 해도 스마트폰도 없고, 노트북도 흔하지 않았어요. 지금은 어떤 비상 상황이 생겨도 구글 맵과 검색으로 처리할 수 있지만, 그 시기에는 순발력과 배짱 하나로 해결해야 했어요. 두 달간 20대 초반 아시아 여자애 혼자 배낭여행을 하니 비상 상황도 곤란한 순간도 많았죠. 그런데 저는 비상 상황을 해결하고, 중요한 결정을 하고, 이 결정에 책임지는 모든 순간이 좋았어요. 이때 저에 대해서 처음으로 깊은 이해를 하게 됐어요. '나는 주어진 방식대로 따라가는 삶이 정말 맞지 않는구나. 실패를 하더라도 일단 해 봐야 행복한 사람이구나.' 생각했죠.

캐나다도 같은 마음가짐으로 왔어요. 4년 다니던 직장을, 하필이면 조기 승진한 해에 퇴사를 했어요. 모두가 미쳤다고 했죠. 한국에 있는 지인 중 제 선택을 응원한 사람은 한 손으로 셀 수 있을 정도예요. 사람들의 공통된 걱정은 나이였죠. 한국에서 나이가 좀 중요한가요? 인사 팀에서 4년 일했으니 회사에서 면접자의 나이를 보고 어떠한 판단을 내리는지 입이 닳도록 설명할 수 있어요.

원래는 캐나다에 대해서, 아메리카 대륙에 대해서 큰 관심이 없었어요. 저는 제가 결국 유럽에 정착할 줄 알았죠. 휴가 계획을 짜던 어느 날, 히말라야에 가고 싶다는 생각에 갑자기 꽂혔어요. 밤을 새우며 열심히 계획을 짰는데 평소 제 건강 상태를 알던 친구가 걱정을 많이 했어요. 당시 제가 몸도 야위었고, 면역력도 많이 약했거든요. 친구는 미국 유학 경험이 있었는데 북아메리카가 꽤 친숙했던 덕분인지 저에게 그렇게 높은 산을 보고 싶으면 차라리 로키산맥에 다녀오라고 하더라고요. 저는 그렇게 고심 끝에 등반이 아닌 여행으로 캐나다를 처음 오게 되었어요. 돌이켜보면 타이밍이 정말 좋았던 게, 제가 머무르던 동안 밴쿠버에서 큰 마라톤 대회가 열렸거든요. 달리기와 마라톤에 미쳐 사는 저는 '이거다!' 하고 바로 신청을 해서 인생 첫 해외 마라톤을 뛰었어요. 모든 타이밍이 완벽했어요. 눈이 반쯤 덮인 산에 둘러싸인 5월의 밴쿠버를 달리는 그 기분은 정말 황홀했어요. 그때 처음 '이 나라에 살아 보고 싶다!' 생각을 하게 됐죠. 캐나다에서 지내는 일주일 동안 달리는 사람을 정말 많이 봤어요. 한국에서는 공원이나 한강 근처에서나 달리기하는 사람을 보지만 캐나다는 시내에서도 달리기하는 사람을 정말 많이 봐요. 달리기가 일상인 이 사람들 사이에 섞여 살면 정말 행복하겠다는 생각이 들었고, 캐나다에 대한 열망이 커지더라고요. 그렇게 한국으로 돌아와 바로 IELTS 공부를 시작했어요. 이민을 하려면 영어가 첫걸음이니까요.

제 결정을 굳히는 데 가장 큰 영향을 미친 건 한 입시 박람회에서 만난 대학 입학 담당자의 답변이었어요. 제가 "아시아인으로서, 이민자로서 캐나다에서 사는 것 괜찮을까?" 하고 조심스럽게 질문했을 때 이 담당자가 한 말이 인상적이었거든요. "Of course. We are all immigrants!" 이 대답을 듣고 '내가 여기서는 이방인이 아니구나. 나도 이들 중 한 명이 될 수 있구나. 그렇다면 Why not?' 하며 본격 이민 준비를 시작한 거죠.

큰 그릇 준비하는 과정에서 겪은 어려움은 없었나요?

Jenna 어려움은 정말 많았죠. 사실 출국하기 전날까지도 눈앞이 캄캄했던 것 같아요. 계획도 여러 번 바뀌었고요. 처음에는 2년제 College로 가서 Diploma를 따려고 했어요. College는 한국으로 치자면 직업 전문 대학교라고 해야 하나요. 캐나다는 한국만큼 대학 순위에 따른 차별이 심하지 않아서 석사보다 상대적으로 입학이 쉬운 College를 택했어요. 그게 퇴사하고 2개월 만에 일어난 일이에요. 그렇게 출국을 한 달 정도 앞둔 어느 날, 500만 원이 넘는 입학금도 다 낸 상황에서 스스로에게 질문을 던지게 되었어요. 내가 한두 푼 내는 것도 아닌데, 정말 배우고 싶은 것에 투자를 하는 것이 맞지 않을까? 단지 영주권만 보고 선택했다가 실패하면 이 학위가 한국에서 과연 어떤 도움이 될까?

기회비용을 따져 보니 불안감이 커졌어요. 그렇게 출국을 한 달 앞두고 College 입학과 등록금을 포기한 채 석사 준비를 시작했어요. 막판에 선택을 바꾸는 바람에 입학 시기가 1년이 늦어졌죠. 석사는 치러야 하는 시험이 있었고, 요구하는 영어 점수도 높았거든요. 결국 저는 간절히 원하던 캐나다행을 미루고 1년 더 기다려야 했어요. 불안하고 애가 탔지만 그래도 흔들리지 않고 배우고 싶은 것을 탐구했어요. 영어 공부, 석사 입학시험 준비, 그리고 인터뷰 준비까지 하다 보니 일하던 때보다 하루가 빨리 갔어요. 다만 백수로서의 기간이 점점 길어지고, 매일 새벽까지 공부를 하다 보니 심적으로 너무 힘들었어요. 돌아보니 끝이 없는 불안의 나날들이었네요.

금전적인 압박도 무시할 수 없었죠. 제가 석사 공부를 시작하기로 마음먹었을 때는 이미 퇴사하고 1년이나 지난 시기였어요. 캐나다에 가기도 전에 이미 너무 많은 돈을 공부와 입학 준비에 써 버렸죠. 저는 부모님의 지원을 받지 않고 그간 모은 돈으로 모든 걸 충당해야 했기 때문에 흥청망청 살며 더 이상의 시간을 허비할 수가 없었어요.

캐나다로 출국하고 나서도 환율이 꾸준히 올라서 학비를 낼 때마다 가진 적금을 하나씩 깨야 했어요. 정말 속이 쓰린 경험이었죠. 다행히 석사 2학년 때는 Co-op으로 직장을 얻게 되어 금전적인 여유가 조금씩 생기기 시작했어요. 이제는 공부도 끝났고 풀 타임으로 일하면서 학위에 상응하는 연봉을 받게 되었으니 노력한 만큼의 보상을 받는 것 같아 뿌듯해요.

큰 그릇 그런 어려움을 어떻게 극복하고자 했는지?

Jenna 준비하면서 마음이 힘들 때마다 아빠가 하신 말씀을 떠올렸어요. 출국을 1년 미룬 것을 엄청 후회하던 시기가 있었어요. 그럴 때마다 아빠는 저에게 "일 보 후퇴는 이 보 전진이다."라고 늘 말씀하셨는데, 돌아보니 정말 그 말이 맞았어요. 제가 만약 College 공부를 위해 캐나다에 1년 일찍 갔으면 학위는 정말 쉽게 땄을 거예요. 심지어 전공도 대학교에서 배웠던 Accounting이었거든. 다만 이렇게 되면 제 이력서에는 지금과 같은 스토리가 생기지 않았겠죠. 이 학위가 전혀 플러스 요소가 되지 않았을 거예요. MBA를 하면서 심화 전공으로 Data Analytics를 선택했어요. 이제 제 이력서를 읽는 사람들에게 완벽한 스토리를 부여할 수 있게 된 거죠. 면접을 볼 때마다 모든 면접관들이 왜 데이터 분석을 전공했냐고 물어봤어요. 그러면 저는 이렇게 대답해요. '학부 때 회계를 공부해서 재무 감각을 키웠고 디테일한 숫자를 볼 수 있는 능력을 길렀지만, 데이터를 크게 볼 줄 아는 능력에 대한 갈증이 있었다. MBA 공부를 하며 빅 데이터를 가공하고 분석하는 능력을 키우니 재무 데이터를 읽고 활용하는 것이 훨씬 쉬워졌다.'

큰그릇 캐나다 생활에 적응하는 것도 쉽지 않았을 텐데 어려움은 없었나요?

Jenna 울타리가 없는 게 제일 힘들었어요. 혈혈단신 타지에 와 있으니 곤란한 상황에 처했을 때 스스로가 이방인이라는 걸 더욱 절실하게 느껴요. 한국에서 아플 때와 캐나다에서 아플 때의 서러움은 천지차

이예요. 살아 보니 여기에서는 아무리 날고 기고 잘나가도 그냥 외국인이에요. 성공한 외국인. 잘나가는 외국인. 주류가 될 수 없더라고요. 한국에서 주류로 살다가 캐나다에 오자마자 다방면에서 비주류가 된 거잖아요. 그걸 받아들이기가 조금 힘들었어요.

다른 하나는 인종 차별이겠죠. 캐나다가 이민자의 천국이라고들 하지만 여기에도 인종 차별은 존재해요. 하필 저는 팬데믹 시기에 캐나다에 살았으니, 아시아인을 대상으로 하는 인종 차별을 하루가 멀다 하고 겪었죠. 언젠가 파트너랑 장을 보러 가던 길이었어요. 여느 때처럼 수다를 떨며 길을 걷고 있는데 누군가가 제 등에 뚜껑이 열린 물병을 던지고 갔어요. 한순간에 일어난 일이었어요. 정신을 차려 보니 제 등은 다 젖어 있었고, 날아온 물병을 맞은 고통을 느낄 새도 없이 내가 검은 머리 아시아인이라 생긴 일이라는 사실을 인정해야 했어요. 파트너도 저도 너무 당황한 마음에 길바닥에서 엉엉 울었어요. 정신 차리고 경찰에 인종 차별 신고를 했지만 어떠한 업데이트도 듣지 못했죠. 내가 아시아인이라는 이유만으로 이런 대우를 받아야 하나? 이런 질문을 던져야 하는 상황을 마주할 때마다 씁쓸하긴 하죠.

무엇보다 가장 큰 장애물은 영어에 대한 채워지지 않는 갈증이에요. 해외에서 살아 보니 한국인만큼 자기 영어 실력에 자신 없는 민족이 없더라고요. 다들 꽤 잘하는데 단 한 명도 자기 영어 실력에 만족한다는 한국인을 못 봤어요. 처음엔 저도 그들 중 한 명이었어요. 캐나다살이 초반에는 만나는 사람들에게 "내가 영어를 완벽하게 하지 못하니 이해해 주길 바랍니다."라는 말을 덧붙이곤 했어요. 쓸데없는 짓이었죠. 이 말인즉 "제가 영어를 잘 못하니 저를 마음껏 무시하셔도 됩니다." 하고 제 약점을 온 천하에 까발리는 일이었어요. 여기에서 겸손은 미덕이 아니라 악덕입니다. 그 후 마인드를 아예 바꿨어요. 내가 남의 나라에서 남의 말로 이 정도 공부를 하고 이 정도 의사소통을 하는데, 이만하면 대단한 거 아닌가? 이렇게 뻔뻔하게요.

큰 그릇 현재 생활은 어떤가요?

Jenna 지난 2년이 암흑 같은 터널을 걷는 나날이었다면 지금은 터널을 나와 바깥 세상의 빛에 천천히 익숙해지고 있는 단계라고 할까요? 100% 재택 근무를 하고 있기 때문에 제 시간을 자유롭게 관리할 수 있는 이 상황, 이 여유가 좋아요. 8시 반쯤 느지막이 일어나 일을 시작하고, 5시쯤 일을 마쳐요. 적당히 쉬고, 운동도 하고, 미뤄 둔 불어 공부도 다시 시작하면서 업무 이후의 삶을 다시 하나씩 계획하고 있어요. 가끔 일하다 힘든 상황이 생겨도 그래도 잘 견뎠다, 잘 해냈다 생각하면 그 뿌듯함에 힘이 나요. 정말 힘든 시기를 견디고 나니 웬만한 고통에는 별로 기죽지 않아요. 정말 단단해진 느낌이에요.

큰 그릇 두렵거나 도전하기 망설여질 때는 어떻게 하는 편인가요?

Jenna "죽기라도 하겠어? 죽으면 죽지 뭐. 해 보고 죽었으니 후회는 없겠네."라고 되뇌어요. 인생에 완벽한 결정이란 없어요. 이 도전이 성공일지 실패일지 해 봐야 아는 거잖아요. 해 보고 잘되면 좋은 거고, 안되면 그래도 해 봤으니 됐다 하고 말 거예요.

저희 집안 어른들이 대부분 사고로 돌아가셨어요. 그러다 보니 죽음을 바라보는 입장이 남들이랑 조금 달랐던 것 같아요. 언제든 사고가 날 수 있고, 오늘이 마지막 날일 수도 있다고 생각하고 살거든요.

사는 동안 하고 싶은 것 마음껏 하고, 먹고 싶은 것
도 많이 먹자고 마음먹으니 도전할 때도 더 대범해
지는 면이 있어요.

또 한 가지 효과적인 방법은 주변에 소문을 내는 거
였어요. 유학을 결심한 순간부터 주변 사람들에게
제 계획을 열심히 공유했어요. SNS에도 열심히 오
픈하고요. 누군가는 TMI라고 할 수도 있겠지만 이
건 순전히 저를 위한 액션이었어요. 그렇게라도 해
야 나중에 흔들리고 포기하고 싶을 때 억지로라도
할 것 같았거든요. 실제로 효과가 있었어요. 친구들
을 만날 때마다 "유학 준비 어떻게 되어 가?" 소리
를 들으니 오기로 계속 준비를 이어 가게 되더라고
요. 인정 욕구가 있던 저에게 강제성을 불어넣기에
딱 좋은 방법이었던 것 같아요.

큰 그릇 앞으로의 계획이나 꿈은 무엇인가요?

Jenna 유럽에서 다시 일해 보고 싶어요. 얼마 전에 포르
투갈에 디지털 노마드 비자가 생겼다는 것을 들었
어요. 원격 근무가 가능한 해외 직장인들이 합법적
으로 포르투갈에 거주할 수 있도록 비자를 주는 거
래요. 포르투갈을 여행하며 얻은 좋은 기억이 많아

서, 기회가 되면 꼭 그곳에 살아 보고 싶어요. 10여 년 전 교환 학생으로 살았던 독일에서도 1~2년 다시 살아 볼 계획이 있어요. 독일이랑 인연이 깊은지 지금 회사도 본사가 독일에 있어요. 본사에서 일하며 다시 독일에서 살 기회가 생긴다면, 이번엔 더 깊은 경험을 하고 성장할 수 있을 것 같아요.

해외에서 업무 경험을 몇 년 더 쌓고 나서 이 경험을 공유하는 일도 해 보고 싶어요. MBA를 졸업할 때쯤 20개가 넘는 회사에서 60번이 넘은 인터뷰를 봤고, 이 중 여섯 군데에서 최종 오퍼를 받았어요. 제가 어떤 마음가짐으로 인터뷰를 준비했는지, 해외 인터뷰는 한국 인터뷰와 어떻게 다른지, 그리고 해외에서의 직장 생활은 어떤 게 중요한지 등을 공유할 수 있다면 해외 취업을 꿈꾸는 한국의 많은 청년들에게 도움이 되지 않을까 싶어요. 사실 지금도 캐나다에서 취업을 준비하는 친구들을 자발적으로 도와주고 있어요. Resume와 Cover Letter 작성, 그리고 인터뷰 준비까지 도와주다 보니 한국 지원자들의 공통점을 많이 발견해요. 일단 자신감이 없어요. 말도 안 되게 낮은 연봉을 제시 받았는데도 협상할 줄을 몰라요. 원어민이 아니라 적게 받아도 된다고 스스로 합리화하죠. Job Description에 적힌 Qualification 항목을 모두 다 만족해야만 지원할 수 있다고 스스로 결론을 내고, 지원도 하지 않고 포기를 해요. 워킹 홀리데이로 왔으면 바리스타를 하거나 식당 일을 하는 등 서비스 일을 하는 게 당연하다고 생각해요. 우리 학력이나 영어 실력이면 사무직도 충분히 할 수 있거든요. 그런데 다들 남들이 갔던 길만 따르다 보니, 다른 길은 불가능하다고 보는 경향이 있어요. 이런 걸 공유하고 싶어요. 도와준 친구들 모두 원하는 곳에 취업한 걸 보니 제 방식이 통하고 있다는 증거가 아닐까요!

큰 그릇 나이 때문에, 혹은 처한 상황 때문에 꿈을 포기하려는 이들에게 해 주고 싶은 말이 있을까요?

Jenna 혹시나 유학이나 이민, 아니면 단순하게 해외 생활을 꿈꾸는 분들이 있다면, 꼭 도전해 보라고 말하고 싶어요. 해 보지도 않았는데 안 된다고 하는 사람들의 시선은 적당히 흘려버리세요. 실패하는 사람들은 늘 안 된다고 해요. 자기 경험에서는 성공이 일어나지 않았거든요. 그 사람이 실패했다고 내 꿈까지 실패하라는 법은 없어요. 설령 실패를 했다

한들 그 경험이 앞으로의 인생에서 주는 힘은 엄청날 거예요.

나이는 한국에서만 중요합니다. 한국 밖에 나오면 나이가 내 발목을 잡지 않는다는 것을 꼭 기억하셨으면 좋겠어요. 실제로 저는 수십 번의 인터뷰를 보면서 단 한 번도 나이에 대한 질문을 받지 않았어요. 지금도 저희 팀원 그 누구도 제 나이를 모르고 관심도 없어요. 나이 때문에 꿈을 포기한다면 사실 그건 나이가 아니라 내 스스로가 내 발목을 붙잡은 거예요. 30살에 도전하나 31살에 도전하나 뭐가 다를까요? 100살에 죽나 101살에 죽나 크게 차이가 있어 보이나요?

그리고 꿈을 꾸는 자신을 조금 더 멋있게 바라봐 주면 좋겠어요. 목표도 없이 하라는 대로 수동적으로 사는 사람이 세상에 얼마나 많은데, 나는 꿈이 있는 거잖아요. 이것만으로도 얼마나 대단한가요. 제가 무너질 때마다 늘 하던 말이 'Surely but slowly, I will win.'이었어요. 꿈이 있다면, 그리고 그 꿈이 간절하다면 지금 처한 상황이 당장은 나를 가로막아도 절대 포기는 하지 마세요. 단지 더 긴 시간에 걸쳐 이루어질 꿈으로 남겨 두세요. 언젠가는 긴 시간이 걸렸지만 마침내 이루어 낸 꿈이 될 거예요.

목표나 꿈을 가지는 데 나이는 중요하지 않다. 그저 꿈을 가질 의지가 있는지 없는지가 중요할 뿐이다. 물론 처음부터 큰 꿈을 이루기란 쉽지 않다. 하지만 나이나 상황, 여건 등은 잠시 뒤로 제쳐 두고 지금 서 있는 자리에서 자신이 할 수 있는 것들을 조금씩 시도해 보자. 그러면 곧 다음 스텝이 보일 것이다. 그리고 앞에 보이는 길을 따라가다 보면 이전과는 다른 세상이 열릴 것이다. 안 된다고 생각했던 세상에서, 될 것이라고 믿는 세상이.

가장 중요한 건 오늘을 잘 살아 내는 것

　　강릉 출장을 마치고 서울로 돌아가는 기차 안에서 이 글을 쓰고 있다. 한 권의 책을 마무리한다고 생각하니 감회가 새롭다. 열일곱 살부터 작가가 되기를 꿈꿨다. 그로부터 17년이 흐른 지금, 꿈을 이룬 나 자신을 돌아보니 예전과는 모든 것이 달라졌다.

　　누군가 내게 과거로 돌아갈 수 있다면 몇 살로 돌아가고 싶은지 물어본 적이 있다. 나는 돌아가고 싶지 않다고 대답했다. 몇 년 전의 나는 침대에 누워 아무것도 하지 못하는 날이 많았다. 미래는 마냥 어둡게 느껴졌다. 때로는 내 인생이 그저 조용히 끝나 버렸으면 좋겠다는 생각도 했다. 모든 것이 변하기 시작한 것은 내 마음이 바뀐 그 순간부터였다. 꿈이 생겨 그것을 이루기 위해 첫 발걸음을 내딛은 순간부터.

　　첫 꿈이었던 호주 워킹 홀리데이는 나에게 새로운 세

계를 보여 주었다. 그동안 나의 전부라고 믿었던 일상이 깨지는 순간이었다. 이를 계기로 나는 용기를 얻었고, 이후 취업, 이직, 진급, 야간 대학교 진학, 그리고 진로 변경 등 여러 도전을 이겨 냈다. 이루고자 했던 꿈을 하나둘 이뤄 가며 내 세계는 계속해서 확장되었고, 그 과정에서 나는 더 많이 성장할 수 있었다. 이러한 경험들은 나에게 더 큰 세계를 경험하고자 하는 갈망을 불러일으켰다.

최근에는 '큰그릇 연구소'라는 개인 단체를 만들어 자기계발과 관련된 뉴스레터를 발행하고 있다. 이 외에도 '100일만 해 보자' 프로젝트를 통해 사람들이 목표를 이룰 수 있도록 동기 부여를 하고, '작심칠일' 챌린지를 통해 자기 자신에 대한 기록을 도모하며, 정기적인 회고 모임을 진행하여 성장을 위한 만남의 장을 마련하고 있다. 나 자신과 타인의 성장을 돕는 단체를 만드는 것이 새로운 꿈으로 자리 잡았다. 궁극적으로는 장학 재단을 설립하여 모든 사람이 차별을 받지 않고 성장과 발전의 발판이 되는 배움에 접근할 수 있는 세상을 만들고 싶다.

과거와 달리 현재의 나는 많은 꿈을 품은 채, 그 꿈을 이룰 수 있다고 믿고 있다. 과거에는 할 수 없다는 생각에 여러 꿈을 포기했지만, 이제는 나의 세계를 확장하면서 또 다른 세계가 존재함을 깨달았다. 현재 하는 일들이 그 꿈을 당장 이뤄 주진 않겠지만, 다음 세계로 가는 발판이 될 것이라 믿는다. 큰 꿈은 처음부터 이룰 수 없다. 하지만 현재 자신이 서 있는 자리에서 할 수 있는 일들을 조금씩 하면서 그 다음 스텝을 찾아 나가다 보면, 이전과는 다른 세상이 보일 것이다. 과거에는 되지 않을 것이라고 생각했던 세상에서, 이제는 될 것이라고 믿는 세상이 보일 것이다.

가끔 '꿈을 향해 더 빠르게 노력했다면 조금 더 일찍 꿈을 이룰 수 있었을까?' 이런 아쉬움이 들 때도 있다. 하지만 과거의 경험은 모두 나를 이루는 데 필요한 밑거름이 되었다. 원하는 것을 얻기 위해 노력하며 지나온 시간이 나를 이루었다. 과거를 후회하며 살아갈 필요는 없다. 내가 살면서 겪은 모든 일은 나를 이루기 위한 필수적인 과정이었고, 이러한 경험을 바탕으로 조금씩 성장할 수 있었다.

이미 지나온 시간들은 곱씹을수록 후회할 수밖에 없다. 과거는 그 아무도 바꿀 수 없다. 바꿀 수 있는 건 현재와 미래뿐이다. '오늘'을 바꿔야 '내일'도 바뀐다. 현재를 바꾸지 않으면 미래에도 지금처럼 후회할 것이다. 너무 두렵지 않은가? 그런 생각들이 오늘의 나를 움직이게 한다. 더 이상 후회할 과거를 만들지 않고 싶다는 생각이. 그리고 이러한 움직임이 스스로에 대한 신뢰를 만든다.

사는 게 무서울 때도 있다. 내일이 불안할 때도 있다.

하지만 지금껏 잘해 온 나를 믿는다. 여태껏 잘해 왔기 때문에 모든 게 무너져 내려도 잘 수습해 내리라는 것을 안다. 그렇기 때문에 겁이 나도 앞으로 나간다. 오늘을 성실히 살아야 하는 또 하나의 이유다. 그래야 내가 나를 믿을 수 있기 때문이다.

앞으로도 그럴 것이다. 나는 완벽한 사람이 아니지만, 내가 나를 믿을 수 있도록 오늘 하루도 노력할 것이다. 이 불안한 인생에서 앞으로 나아가기 위해서 믿을 건 나밖에 없다는 것을 기억하고, 오늘을 잘 살아 내는 것만이 내가 할 수 있는 유일한 일이라는 것을 잊지 않을 것이다.

그러니 오늘을 대충 살지 말자. 열심히 사는 걸 누가 알아주느냐고? 바로 내가 안다. 오늘이 힘들어도 내일이 불안해도 나 스스로가 안다. 내가 잘 해내리라는 것을. 나에 대한 믿음이 생긴다는 것은 그런 것이다. 오늘 조금 힘들어도 잘 버텨 내면 내일 힘든 일이 생겨도 또다시 잘 버텨 내리라는 것을.

그러니 우리 오늘을 잘 살아 내자.

2023년 3월,
이진아(큰그릇)

오늘부터
내 그릇을
키우기로 했다

초판 1쇄 발행 2023년 4월 3일
    2쇄 발행 2023년 4월 14일

지은이 이진아(큰그릇)
펴낸이 이광재

책임편집 구본영
디자인 이창주
마케팅 정가현   **영업** 허남, 성현서

펴낸곳 카멜북스   **출판등록** 제311-2012-000068호
주소 서울특별시 마포구 양화로12길 26 지월드빌딩 (서교동 395-7) 3층
전화 02-3144-7113   **팩스** 02-6442-8610   **이메일** camelbook@naver.com
홈페이지 www.camelbooks.co.kr   **페이스북** www.facebook.com/camelbooks
인스타그램 www.instagram.com/camelbook

ISBN 979-11-982198-1-7(03190)